PONS

Das große Rätselbuch
ENGLISCH

von
Annely Hees
Jason Humphreys
Brian Melican
Rachel Teear

PONS GmbH
Stuttgart

PONS

Das große Rätselbuch
ENGLISCH

von
Annely Hees
Jason Humphreys
Brian Melican
Rachel Teear

Auflage A1 4 3 2 1 / 2015 2014 2013 2012

PONS Produktinfos und Shop: www.pons.de
PONS Sprachenportal: www.pons.eu
E-Mail: info@pons.de

Projektleitung: Astrid Proctor
Redaktion: Anette Dralle, Stuttgart
Logoentwurf: Erwin Poell, Heidelberg
Logoüberarbeitung: Sabine Redlin, Ludwigsburg
Einbandgestaltung: Daniel Müller, Stuttgart
Titelfoto: Jacob Wackerhausen (iStockphoto) / Kreuzworträtsel: iStockphoto (Thinkstock)
Illustrationen: Dinko Klaric, Vöhringen
Layout/Satz: Digigraf.pl - dtp services
Druck und Bindung: L.E.G.O. S.p.A., Lavis (TN)

Printed in Italy.
ISBN: 978-3-12-561838-1

SO GEHT DAS!

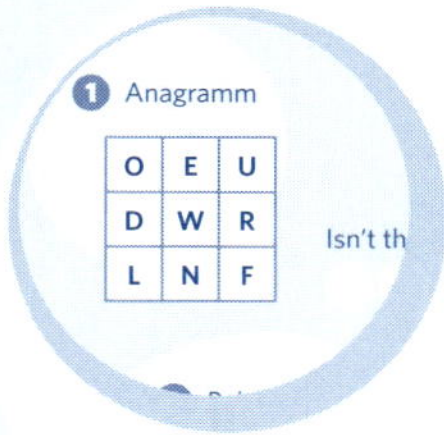

Anagramm mit Wortgitter

Bringen Sie die Buchstaben im Gitter in die richtige Reihenfolge und Sie haben die Lösung.

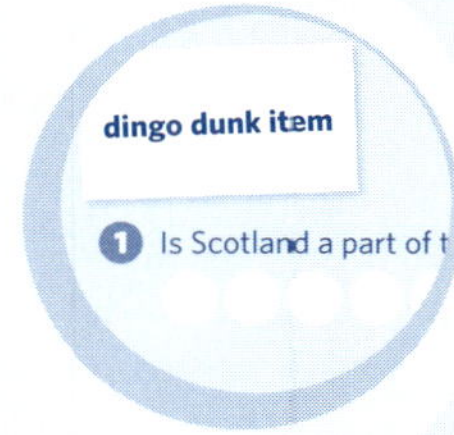

Anagramm „Visitenkarte"

Was ist das denn? Bringen Sie die Buchstaben auf der „Visitenkarte" in die richtige Reihenfolge und voilà: die Lösung.

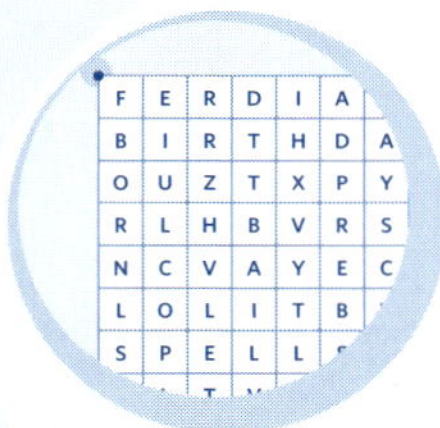

Buchstabengitter

Wo stecken die bloß? Finden Sie im Buchstabengitter die versteckten Wörter zu einem bestimmten Thema.

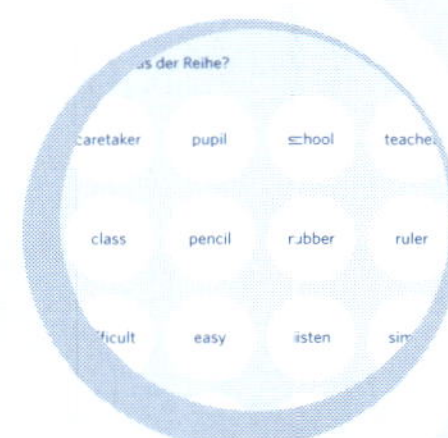

Eines passt nicht!

Finden Sie das schwarze Schaf! Eines der vier Wörter in der Reihe passt logisch nicht zu den drei anderen.

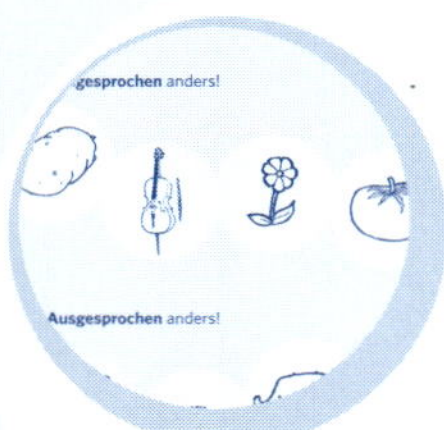

Ausgesprochen anders!

Finden Sie das Wort, dessen Aussprache nicht in die Reihe passt. Sprechen Sie dazu am besten jedes Wort **laut** auf Englisch aus!

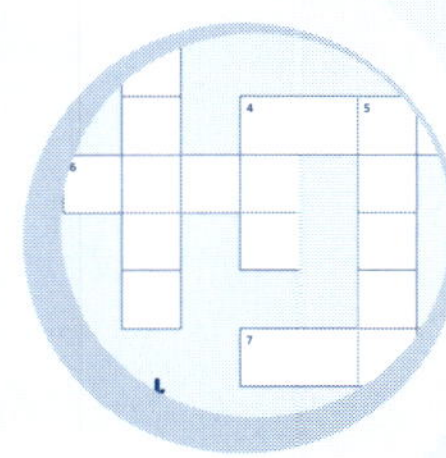

Kreuzworträtsel

In English, please! Tragen Sie die englischen Überset-zungen der vorgegebenen deutschen Wörter in die Kästchen ein.

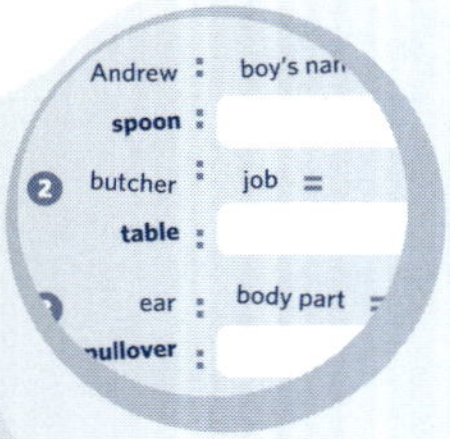

Logisch?

Finden Sie die entsprechende Kategorie zum jeweiligen Beispiel.

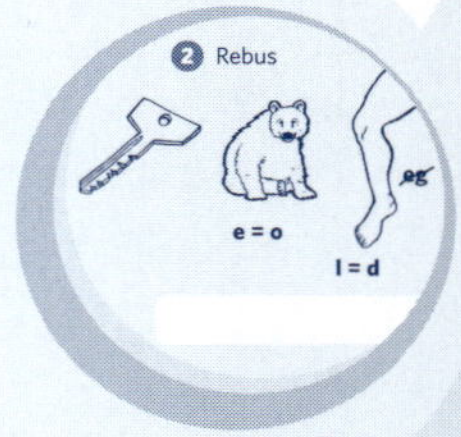

Rebus

Wie heißen die Abbildungen auf Englisch? Ersetzen oder streichen Sie die Buchstaben wie angegeben und fertig ist die Lösung.

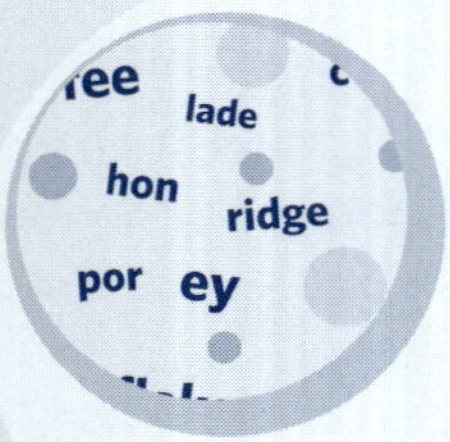

Silbenrätsel

Fügen Sie die Silben zu passenden Wörtern zusammen.

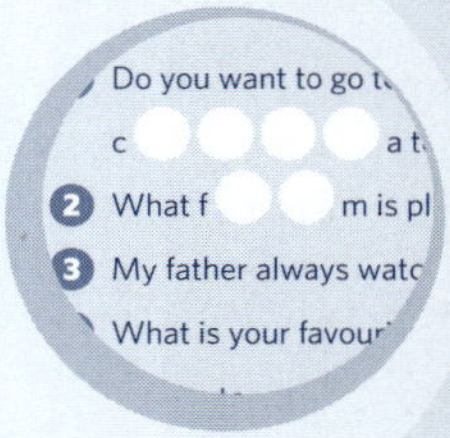

Was fehlt?

Vervollständigen Sie die fehlenden Wörter.

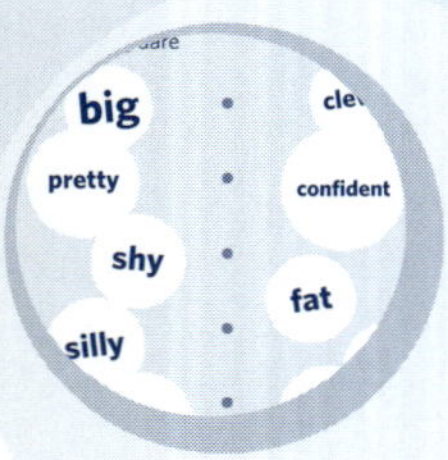

Wortpaare

Ordnen Sie die passenden Wörter einander zu. Es können Gegenteile sein, oder auch Übersetzungen sowie logische oder sprachliche Wortpaare.

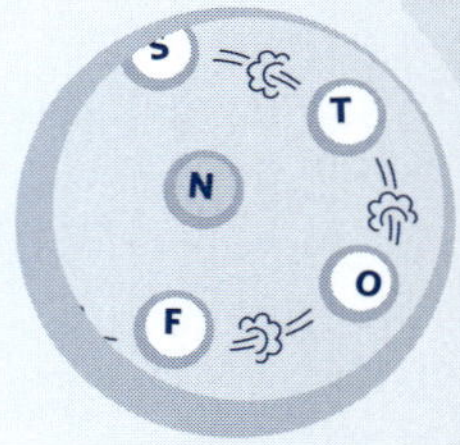

RÄTSEL SPEZIAL: Wortwirbel

Bilden Sie möglichst viele Wörter aus den Buchstaben. Einzige Einschränkung dabei: der markierte Buchstabe in der Mitte muss in jedem Wort enthalten sein.

MUSIK

1 Anagramm

O	E	U
D	W	R
L	N	F

Isn't this song

_ _ _ _ _ _ _ _ _ ?

2 Rebus

e = o

l = d

3 Silbenrätsel

fee lade cof hon ridge por ey flakes but ma ter mar corn

a. ______________________

b. ______________________

c. ______________________

d. ______________________

e. ______________________

f. ______________________

FRÜHSTÜCK

Lösungen

1 wonderful

2 keyboard

Tipp zum Vokabeln lernen:

- Schreiben Sie die englische Vokabel auf eine kleine Karteikarte und notieren Sie das deutsche Wort auf der Rückseite.
- Lesen Sie zuerst das englische Wort und versuchen Sie, die deutsche Übersetzung zu benennen.
- Wenn Sie richtig liegen, legen Sie die Karte auf die Seite. Wenn Sie das Wort nicht wissen, legen Sie die Karte wieder zurück in Ihren Stapel.
- Beim nächsten Mal üben Sie nur mit den Karten, die Sie zuvor nicht wussten.

3 **a.** butter
b. coffee
c. cornflakes
d. honey
e. porridge
f. marmalade

Coffee (*Kaffee*) und **café** (*Café*) ist nicht dasselbe.

Do you feel like having a cup of coffee in the café at lunch time?

Was ist eigentlich **porridge**? Es handelt sich hierbei um eine warme Frühstücksmahlzeit, die aus feinen Haferflocken mit Wasser und/oder Milch zubereitet wird. **Porridge** stammt ursprünglich aus Schottland und wird oft mit Zucker oder Marmelade versüßt.

AUSSEHEN

1 Wortpaare

big	clever
pretty	confident
shy	fat
silly	old
thin	small
young	ugly

2

S T O F U E N

fun,

Gibt es das Wort wirklich? Schauen Sie nach unter **www.pons.eu**!

WORTWIRBEL

Lösungen

1

big	—	small	silly	—	clever
pretty	—	ugly	thin	—	fat
shy	—	confident	young	—	old

Es ist nicht sehr höflich, jemanden als **fat** (*fett*) zu bezeichnen. Wenn Sie eine Person beschreiben möchten, die etwas „kräftiger" ist, verwenden Sie besser einen dieser Ausdrücke:

She's quite big boned.
He's rather sturdy.
You get a lot of him for your money.
She's well built.

2 **Mögliche Lösungen:**
fun (*Spaß*), not (*nicht*), note (*Notiz*), nut (*Nuss*), one (*eine/r/s*), sent (*geschickt*), sun (*Sonne*), ten (*zehn*), tone (*Ton*), tune (*Melodie*), font (*Schriftart*), ...

Wenn Sie dabei sind, sich ein neues unregelmäßiges Verb einzuprägen, dann sollten Sie am besten gleich alle Formen mitlernen:

- **infinitive** (Infinitiv, Grundform),
- **simple past** (einfache Vergangenheitsform),
- **past participle** (Partizip Perfekt).

Also lernen Sie z. B. **send - sent - sent**.

1 Anagramm

E	T	F
L	U	A
B	I	U

Vivian, look at those sunflowers over there.

They're !

2 **Ausgesprochen** anders!

3 **Ausgesprochen** anders!

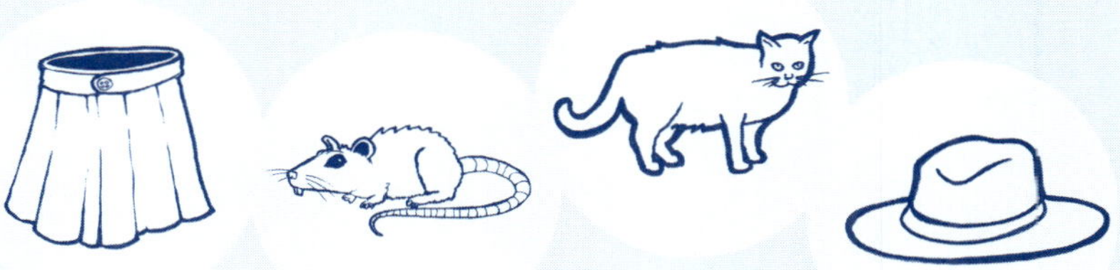

Lösungen

1. beautiful
2. **Flower** passt nicht, weil es nicht auf **-o** endet (wie **potato**, **cello** und **tomato**).
3. **Skirt** [skɜːt] passt nicht, weil es anders ausgesprochen wird als **rat** [ræt], **cat** [kæt] und **hat** [hæt].

Ein paar Tipps zum Vokabeln lernen:

1. Wenn Sie neue Wörter lernen, versuchen Sie gleich einen Satz damit zu bilden, z. B. **I need to buy some potatoes and a kilo of tomatoes at the supermarket.**
2. Ist es ein Adjektiv? Suchen Sie das Gegenteil dazu, z. B. **sick** ↔ **healthy**, **interesting** ↔ **boring**.
3. Bilden Sie Wortfamilien, z. B. **skirt** – **short** – **long** – **jacket** – **shoes** – **trousers** – ...

SMALL TALK

F	E	R	D	I	A	N	G	H
B	I	R	T	H	D	A	Y	V
O	U	Z	T	X	P	Y	A	C
R	L	H	B	V	R	S	C	O
N	C	V	A	Y	E	C	J	U
L	O	L	I	T	B	H	A	N
S	P	E	L	L	S	O	S	T
O	L	T	V	A	D	O	K	R
M	W	O	R	K	U	L	S	Y

1. When is your ?
2. What do you go to?
3. Where do you ?
4. How do you your name?
5. Were you in Germany?
6. What are you from?

Lösungen

F	E	R	D	I	A	N	G	H
B	**I**	**R**	**T**	**H**	**D**	**A**	**Y**	V
O	U	Z	T	X	P	Y	A	**C**
R	L	H	B	V	R	**S**	C	**O**
N	C	V	A	Y	E	**C**	J	**U**
L	O	L	I	T	B	**H**	A	**N**
S	**P**	**E**	**L**	**L**	S	**O**	S	**T**
O	L	T	V	A	D	**O**	K	**R**
M	**W**	**O**	**R**	**K**	U	**L**	S	**Y**

Das englische **where** kann man schon mal mit dem deutschen *wer* verwechseln.
Where bedeutet jedoch *wo/wohin* und *wer* heißt auf Englisch **who**.
Hier sind die englischen **w**-Fragewörter zusammengefasst:

ENGLISCH	DEUTSCH
What?	*Was?*
When?	*Wann?*
Where?	*Wo(hin)?*
Who?	*Wer?*
Why?	*Warum?*

?

Was fehlt hier?

1. Do you want to go to the c _ _ _ _ a tonight?
2. What f _ _ m is playing?
3. My father always watches the n _ _ s at eight o'clock.
4. What is your favourite p _ _ _ _ _ _ _ e?
5. I prefer to watch a good d _ _ _ a.

6.

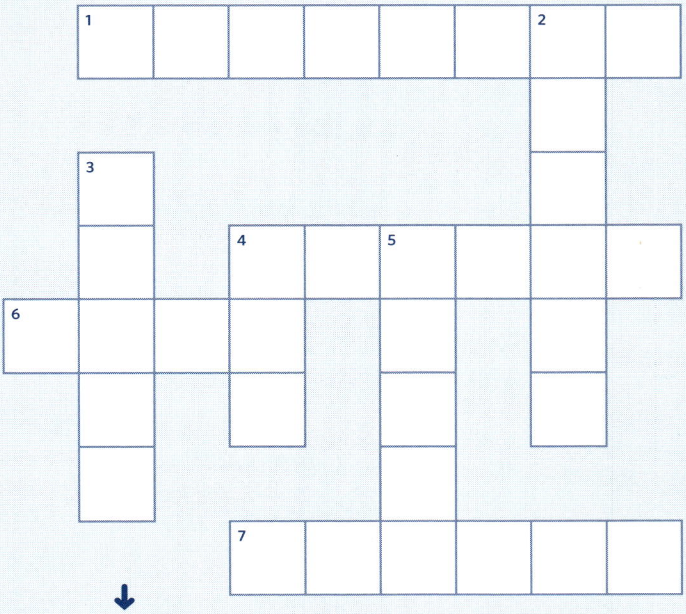

→	↓
1. Berg	**2.** Insel
4. Bach	**3.** Strand
6. See	**4.** Meer
7. Wald	**5.** Fluss

Lösungen

1. cinema
2. film
3. news
4. programme
5. drama

Kino heißt **the cinema** in Großbritannien, aber **the movies** in den USA; entsprechend heißt *ein Film* **a film** in Großbritannien, aber **a movie** in den USA.

Also sagt man in New York:
Do you want to go to the movies to see the latest James Bond movie?
Aber in London sagt man:
Do you want to go to the cinema to see the latest James Bond film?

6.

	1 M	O	U	N	T	2 A	I	N
							S	
	3 B						L	
	E		4 S	T	5 R	E	A	M
6 L	A	K	E		I		N	
	C		A		V		D	
	H				E			
			7 F	O	R	E	S	T

Vorsicht: **the sea** bedeutet *das Meer* und nicht *der See*!

ENGLISCH	DEUTSCH
the sea	*das Meer, die See*
the lake	*der See*

EINES PASST NICHT!

Was fällt hier aus der Reihe?

1	caretaker	pupil	school	teacher
2	class	pencil	rubber	ruler
3	difficult	easy	listen	simple
4	art	geography	history	student
5	homework	learn	read	spell
6	test	exam	exercise	timetable

Lösungen

1. caretaker pupil ~~school~~ teacher
2. ~~class~~ pencil rubber ruler
3. difficult easy ~~listen~~ simple
4. art geography history ~~student~~
5. ~~homework~~ learn read spell
6. test exam exercise ~~timetable~~

Verwechseln Sie nicht **homework** (*Hausaufgaben*) mit **housework** (*Hausarbeit*).

Tom never does his English homework.
Tom macht seine Englischhausaufgaben nie.
I hate doing housework.
Ich hasse es, Hausarbeit zu machen.

FREIZEIT

1 Anagramm

S	F	I
A	C	T
T	N	A

Have you read the *Harry Potter* books?

Yes, they were _ _ _ _ _ _ _ _ _ !

2 Rebus

c = r ~~k~~ ~~d~~ s = c n = e

KLEIDUNG

3 Silbenrätsel

car di der jack over pull sers et gan pants pers slip trou un

a. ______________________

b. ______________________

c. ______________________

d. ______________________

e. ______________________

f. ______________________

Lösungen

❶ fantastic

❷ barbecue

Harry Potter ist mittlerweile ein weltweites Phänomen. Der junge Zauberer ist der Held sieben Bücher, die von der Britin Joanne K. Rowling verfasst wurden. Angeblich hat Rowling den ersten Band in einem Café in Edinburgh, Schottland, geschrieben und hat inzwischen über 500 Millionen Exemplare in 67 Sprachen verkauft. Alle Bücher wurden auch verfi lmt und spielten bereits mehr als 4 Milliarden Dollar ein. Es ist daher keine Überraschung, dass Rowling als Milliardärin gilt und anscheinend ein größeres Vermögen als Königin Elisabeth II. besitzt.

❸ Silbenrätsel

a. cardigan
b. jacket
c. pullover
d. slippers
e. trousers
f. underpants

Vor einigen Wörtern steht nicht **a** oder **an**, sondern **a pair of** – besonders bei Kleidung, z. B. **a pair of jeans/pants/shoes/shorts/socks/trousers**.

Im Deutschen sind die Worte *Jeans* und *Hose* Singular, z. B. *Die Jeans ist blau. Die Hose ist zerrissen.* Im Englischen werden die Worte **jeans** und **trousers** jedoch im Plural verwendet, z. B. **The jeans are blue. The trousers are ripped.**

TIERE

1 Wortpaare

- eagle
- dog
- duck
- fish
- fly
- horse

WORTWIRBEL

2

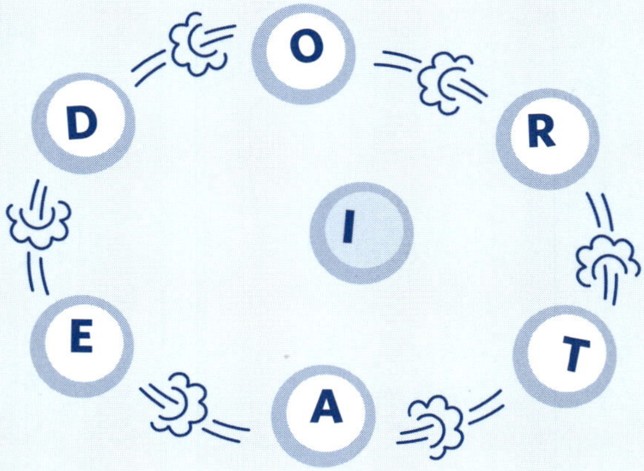

Gibt es das Wort wirklich? Schauen Sie nach unter **www.pons.eu**!

Lösungen

1  — fish

 — duck

 — horse

 — fly

 — eagle

 — dog

Viele Länder verwenden Tiere als Nationalsymbol. Eines der bekanntesten ist das der USA: **the bald eagle** (*weißköpfiger Seeadler*). Dieser Raubvogel steht für Kraft, Mut und Freiheit. Er taucht in der amerikanischen Kultur überall auf, von Flaggen bis zu Geldscheinen und T-Shirts.

2 Mögliche Lösungen:

it (es), tie (*Krawatte, [zusammen]binden*), aid (*Hilfe, helfen*), ride (*reiten, fahren*), tide (*Gezeiten*), tried (*Vergangenheit von try -versuchen*), tired (*müde*), adroit (*geschickt*), tirade (*Tirade*), radio (*Radio*), ...

ZU HAUSE

1 Wortpaare

bathroom	breakfast
bedroom	car
garage	pillow
garden	sofa
kitchen	spade
living room	towel

SPORT

2

Do you have a favourite sport? Here are six popular sports. Can you find them?

A	J	I	F	S	T	H	S	E
T	M	G	O	L	F	W	K	N
H	E	S	O	T	U	G	I	X
L	Q	W	T	E	N	N	I	S
E	L	S	B	A	N	G	N	T
T	R	M	A	L	K	H	G	W
I	A	W	L	A	Z	P	J	S
C	U	N	L	S	R	W	G	F
S	W	I	M	M	I	N	G	V

Lösungen

1

bathroom	—	towel
bedroom	—	pillow
garage	—	car
garden	—	spade
kitchen	—	breakfast
living room	—	sofa

Wenn Sie in Amerika die Toilette suchen, fragen Sie:
"Where is the bathroom/restroom, please?"
Sind Sie in Großbritannien, fragen Sie:
"Where is the toilet, please?"

Lernen Sie nicht nur die englischen Bezeichnungen für verschiedene Zimmer, sondern auch fünf bis zehn andere Wörter, die eine Beziehung dazu haben - egal ob Nomen oder Verben, also z. B. **bedroom: bed, duvet, lamp, pillow, pyjamas, to dream, to sleep, to wake up, ...**

2

A	J	I	F	S	T	H	S	E
T	M	G	O	L	F	W	K	N
H	E	S	O	T	U	G	I	X
L	Q	W	T	E	N	N	I	S
E	L	S	B	A	N	G	N	T
T	R	M	A	L	K	H	G	W
I	A	W	L	A	Z	P	J	S
C	U	N	L	S	R	W	G	F
S	W	I	M	M	I	N	G	V

England gilt im Allgemeinen als Mutterland des Fußballs. Aber wann sagt man **football** und wann **soccer**? Wenn Sie sich in Großbritannien aufhalten, sagen Sie am besten **football** (oder **footy**). Wenn Sie aber in die USA oder nach Australien reisen, kommen Sie mit **soccer** besser klar.

EINES PASST NICHT!

Was fällt hier aus der Reihe?

1	bread	coffee	milk	tea
2	beef	lamb	pizza	pork
3	chocolate	ice cream	jam	peanut
4	fork	knife	spoon	table
5	bottle	cup	glass	plate
6	tomato	cucumber	apple	broccoli

Lösungen

1. ~~bread~~ coffee milk tea
2. beef lamb ~~pizza~~ pork
3. chocolate ice cream jam ~~peanut~~
4. fork knife spoon ~~table~~
5. bottle cup glass ~~plate~~
6. tomato cucumber ~~apple~~ broccoli

Sicher wissen Sie, dass in Großbritannien sehr gerne Tee getrunken wird. Aber wie trinken die Briten ihren Tee? Wenn es um Schwarztee geht, nehmen die meisten etwas Milch dazu, und vielleicht auch Zucker – **"One lump or two?"** (*Ein Stückchen Zucker, oder zwei?*).

Cups and saucers (*Tassen und Untertassen*) werden meistens von älteren Leuten oder in schicken Teehäusern verwendet. Die meisten Briten trinken ihren Tee aus einer **mug** (*große Henkeltasse, Becher*), gerne verziert (z. B. mit dem Wappen ihres Lieblingsfußballvereins).

FAMILIE

1 Silbenrätsel

ther band cle
un child
hus ter
in fa
daugh cous
grand

a. father
b. grandChild
c. daughter
d. uncle
e. husband
f. cousin

GEFÜHLE

2 Wortpaare

angry	aufgeregt
excited	elend
happy	erstaunt
proud	glücklich
miserable	stolz
surprised	wütend

Lösungen

1
a. father
b. uncle
c. husband
d. daughter
e. cousin
f. grandchild

Im Englischen ist es egal, ob Ihre Cousine/Ihr Cousin männlich oder weiblich ist, er/sie heißt einfach nur **cousin**.
Die Begriffe **mother** und **father** sind sehr formal. Am häufigsten werden entweder **mum** und **dad** verwendet, oder **mummy** und **daddy** von kleineren Kindern.

2
angry — wütend
excited — aufgeregt
happy — glücklich
proud — stolz
miserable — elend
surprised — erstaunt

Passen Sie auf, dass Sie nicht **to be lucky** (*Glück haben*) mit **to be happy** (*glücklich sein*) verwechseln.

James won three thousand euros on the lottery last night.
He's so lucky!
James was very happy when he found out about his win.

WORTWIRBEL

1

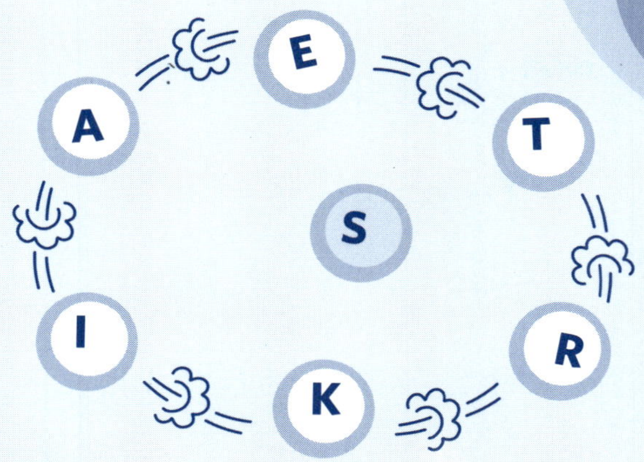

ask, is, task, risk, ries, rest, ski, set,

Gibt es das Wort wirklich? Schauen Sie nach unter **www.pons.eu**!

KALENDER

Was fehlt hier?

2 Do you keep a d i a r y?

3 I like to go on holiday at least twice a y e a r.

4 What is your favourite s _ _ _ _ n?

5 I like s _ _ _ _ g because of all the flowers.

6 I prefer w _ _ _ _ r. I love the cold!

Lösungen

1 Mögliche Lösungen:
ask (*fragen*), ears (*Ohren*), is (*ist*), raise (*heben*), rest (*Rest, Pause*), rise (*steigen, hochgehen*), seat (*Sitz*), set (*fertig, bereit*), ski (*Ski*), task (*Aufgabe*), teas (*Tee*), ...

Wenn Sie neue Wörter lernen, versuchen Sie am besten gleich die Mehrzahlform mitzulernen. Die meisten Hauptwörter bilden die Mehrzahl durch das Anhängen von **-s** oder **-es**. Passen Sie jedoch auf mit Hauptwörtern, die auf einen Konsonanten und **-y** enden, wie z. B. **strawberry**, **nappy**, **fly**, denn in diesem Fall wird die Mehrzahl mit **-ies** gebildet, also z. B. **strawberries**, **nappies**, **flies**.

2 diary

3 year

4 season

5 spring

6 winter

Im britischen Englisch übersetzt man *Herbst* mit **autumn**, im amerikanischen Englisch heißt diese Jahreszeit aber **fall**.

Autumn in Oxford is beautiful, but fall in New England is more beautiful.

EINES PASST NICHT!

Was fällt hier aus der Reihe?

1	cinema	film	stage	ticket
2	comedy	popcorn	romance	thriller
3	bike	bus	car	wheel
4	French	German	Italian	Spain
5	city	map	town	village
6	morning	holiday	noon	night

Lösungen

1. cinema film ~~stage~~ ticket
2. comedy ~~popcorn~~ romance thriller
3. bike bus car ~~wheel~~
4. French German Italian ~~Spain~~
5. city ~~map~~ town village
6. morning ~~holiday~~ noon night

In England hat es Vorteile, alt zu werden. Wenn man auf der Insel 60 wird, bekommt man einen **bus pass**, mit dem man kostenlos **off-peak** (nach der Hauptverkehrszeit, normalerweise zwischen 9.30 Uhr und 23.00 Uhr) mit allen Bussen des öffentlichen Nahverkehrs, überall in England, fahren darf.

Und vergessen Sie nicht: In England fährt man auf der linken Straßenseite!

ANAGRAMM

Anagramm Visitenkarte

dingo dunk item

united kingdom

1 Is Scotland a part of the UNITED KINGDOM?

2 My friend can speak six LANGUAGES.

algae guns

tail annoy it

3 What TAILANNOYIT are you?

BAUERNHOF

4

→

3. Bauer
4. Schwein
5. Lamm
8. Traktor

↓

1. Mais
2. Schaf
3. Feld, Wiese
6. Scheune
7. Kuh

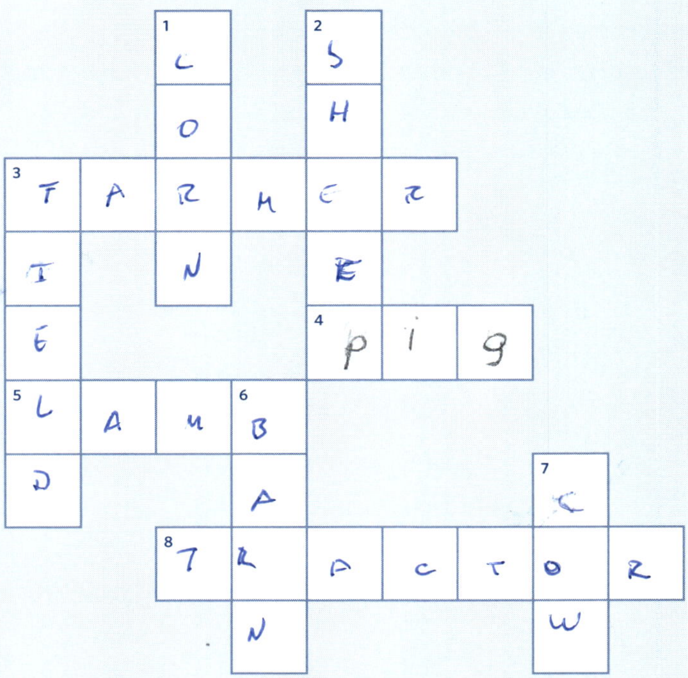

Lösungen

1 United Kingdom

2 languages

3 nationality

Wir haben leider nicht alle einen **native speaker** (*Muttersprachler/in*) zu Hause, mit dem wir täglich üben können. Allerdings gibt es eine andere Möglichkeit, Ihr Englisch aufzufrischen: Finden Sie jemanden, mit dem Sie sich ein- oder zweimal in der Woche auf einen Kaffee treffen und eine halbe Stunde nur Englisch reden.

Sie können auch einen **book club** gründen. Es wird ein englisches Buch ausgewählt, das jeder (ggf. bis zu einer bestimmten Stelle) liest. Dann wird es gemeinsam in der Gruppe besprochen. Fangen Sie mit einem leichten, dünnen Buch an.

4

		[1]C		[2]S				
		O		H				
[3]F	A	R	M	E	R			
I		N		E				
E				[4]P	I	G		
[5]L	A	M	[6]B					
D			A				[7]C	
		[8]T	R	A	C	T	O	R
			N				W	

Aufgepasst:

one sheep

two sheep

~~sheeps~~

GEGENSTÄNDE

Logisch?

1. Andrew : boy's name =
   spoon :
2. butcher : job =
   table :
3. ear : body part =
   pullover :
4. horse : animal =
   hammer :
5. hamster : pet =
   ring :

FESTTAGE

6. Silbenrätsel

day **East** **ding** **birth** **mas** **Hal** **day** **een** **wed** **low** **er** **holi** **Christ**

a. ______________________

b. ______________________

c. ______________________

d. ______________________

e. ______________________

f. ______________________

Lösungen

1. cutlery
2. furniture
3. clothing
4. tool
5. jewellery

Sie wissen sicher schon, dass **pet** *Haustier* heißt. In manchen Regionen Englands wird **pet** aber auch als Kosename verwendet. Also, sollte jemand **"Hello, pet"** zu Ihnen sagen, wurden Sie nicht mit einem Haustier verwechselt, sondern einfach nett gegrüßt. Zudem kann man auch **"Hello, my duck"** zu anderen Menschen sagen, nicht nur zu Enten beim Füttern.

6. **a.** birthday
   b. Easter
   c. Christmas
   d. wedding
   e. Halloween
   f. holiday

In Deutschland wird Weihnachten am 24.12. (Heiligabend) gefeiert. In Großbritannien und den USA ist das anders. Dort heißt der 24.12. **Christmas Eve**, aber erst am 25.12., dem **Christmas Day**, wird Weihnachten richtig gefeiert und es werden morgens die Geschenke überreicht. Der Weihnachtsmann (**Father Christmas** oder **Santa Claus**) kommt in der Nacht vom 24.12. auf den 25.12. durch den Kamin und bringt die Geschenke - das glauben zumindest die Kinder.

1 Anagramm Visitenkarte

mango bikini nut

What's your favourite sport, Jenny?

Well, I really like

.

2 **Ausgesprochen** anders!

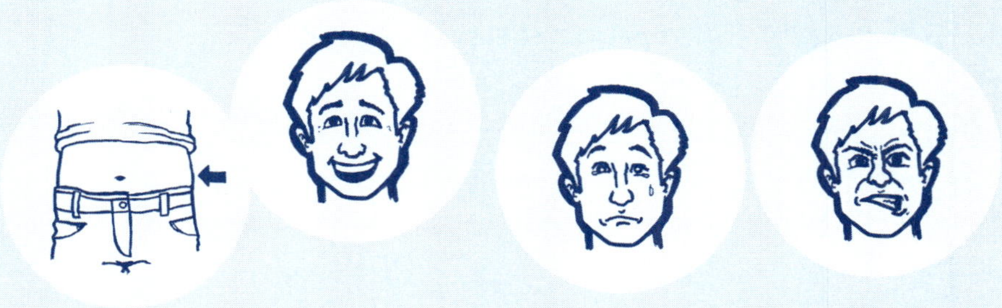

3 **Ausgesprochen** anders!

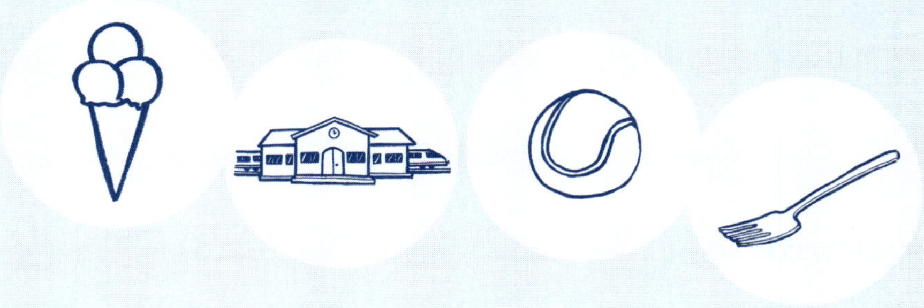

Lösungen

1. mountain biking
2. Das Wort **sad** passt nicht, weil es nicht auf **-y** endet (wie **belly**, **happy**, **angry**).
3. **Fork** passt nicht, weil das Wort nicht aus zwei Teilen besteht (wie **ice cream**, **train station**, **tennis ball**).

Vokabeln lernen können Sie überall, nicht nur zu Hause! Warum probieren Sie nicht Folgendes: Sie gehen einkaufen wie üblich, aber dieses Mal schreiben Sie Ihren Einkaufszettel auf Englisch, z. B. statt *Brot, Käse, Milch, Karotten, Eiscreme* schreiben Sie **bread**, **cheese**, **milk**, **carrots**, **ice cream**. Wenn Sie dann im Supermarkt sind, versuchen Sie, möglichst viele Produkte auf Englisch zu benennen.

DAS WETTER

❶

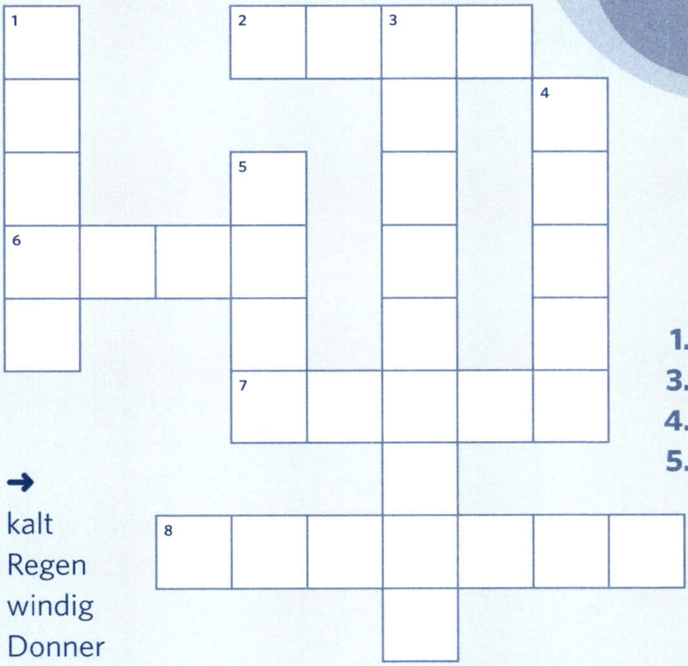

↓
1. Sturm
3. Blitz
4. sonnig
5. Schnee

→
2. kalt
6. Regen
7. windig
8. Donner

WORTWIRBEL

❷

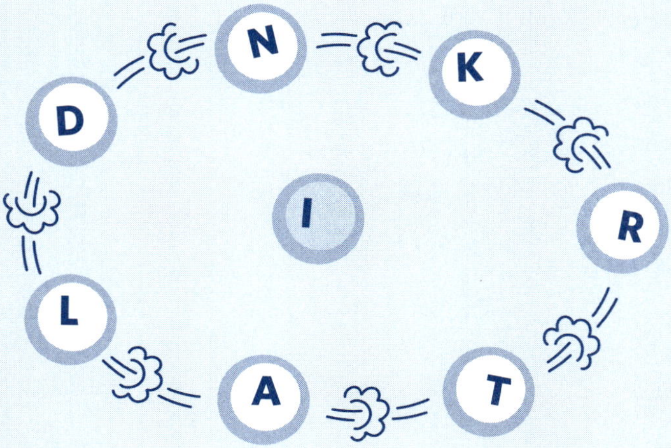

Gibt es das Wort wirklich? Schauen Sie nach unter **www.pons.eu**!

Lösungen

1

1 S			2 C	O	3 L	D		
T					I		4 S	
O			5 S		G		U	
6 R	A	I	N		H		N	
M			O		T		N	
			7 W	I	N	D	Y	
					I			
		8 T	H	U	N	D	E	R
					G			

Moment mal! Schauen Sie aus dem Fenster. Wie ist das Wetter gerade? Versuchen Sie, so viele Wörter wie möglich zu finden, die Sie benutzen können, um das Wetter zu beschreiben.

→ It's rainy, cold, sunny, windy, ...

2 **Mögliche Lösungen:**

in (*in*), kind (*nett, Art*), rail (*Schiene*), trail (*Pfad*), ink (*Tinte*), rink (*Bahn – ice rink, skating rink*), drink (*Getränk, trinken*), tail (*Schwanz*), rind (*Rinde, Schale*), link (*Verbindung*), nail (*Nagel*), trail (*Pfad, Weg*), rail (*Gleis*), kilt (*Schottenrock*), ...

SICH VORSTELLEN

Was fehlt hier?

1. Hello, I'm John. What's your n ___ ?
2. Hi there, I'm Peter. How ___ you do?
3. How do you ___ ?
4. This is Mary. H ___ you two met?
5. No, it's nice to m ___ you, Mary.
6. N ___ to meet you too, John.

EINCHECKEN

7. Silbenrätsel

el, sin, lob, eva, gage, re, ho, by, room, gle-, cep, tor, lug, tel, tion

a. ______________________

b. ______________________

c. ______________________

d. ______________________

e. ______________________

f. ______________________

Lösungen

1. name
2. do
3. do
4. Have
5. meet
6. Nice
7. **a.** hotel
   b. lobby
   c. single-room
   d. reception
   e. elevator
   f. luggage

WO KOMMEN SIE HER?

Anagramm Visitenkarte

legal noses

1 I live in ____________, California.

2 I come from ________ in southern Germany.

abra via

land cots

3 I'm from Edinburgh, the capital of ________.

UNTERWEGS

4 Wortpaare

- **bike**
- **bus**
- **motorbike**
- **train**
- **car**
- **airplane/ aeroplane**

Lösungen

1. Los Angeles
2. Bavaria
3. Scotland
4.  — motorbike

 — train

 — bike

 — car

 — airplane/aeroplane

 — bus

Vor allem in geschriebenen Texten findet man häufig das Wort ***airplane*** bzw. ***aeroplane***. In der gesprochenen Sprache oder in umgangssprachlichen Texten wird jedoch oft nur die Kurzform ***plane*** benutzt. Ähnlich verhält es sich bei ***bicycle*** – hier lauten die Kurzformen ***bike*** oder ***cycle***.

1 Anagramm

L	G	N
I	H	I
T	G	N

It's a heavy storm –
just look at all that thunder and
_ _ _ _ _ _ _ _ _ !

2 Rebus

h = n
~~eep~~

~~fl~~
~~er~~

~~kir~~

a = o

Lösungen

1. lightning
2. snowstorm

EINES PASST NICHT!

Was fällt hier aus der Reihe?

1	car	motorbike	house	bus
2	whale	dolphin	monkey	walrus
3	school	university	college	factory
4	river	hill	sea	ocean
5	pencil	paper	pen	biro
6	computer	book	brochure	newspaper

Lösungen

1. car motorbike ~~house~~ bus
2. whale dolphin ~~monkey~~ walrus
3. school university college ~~factory~~
4. river ~~hill~~ sea ocean
5. pencil ~~paper~~ pen biro
6. ~~computer~~ book brochure newspaper

Im Englischen unterscheidet man zwischen **tabloids** und **broadsheets**. Ursprünglich bezogen sich diese Begriffe auf die Formate - **broadsheets** waren erheblich größer als die **tabloids**. Historisch gelten **broadsheets** als seriöse Qualitätszeitungen, **tabloids** dagegen haben ihre Entsprechung in Deutschland in der Boulevardpresse.

Aus Gründen der besseren Handhabbarkeit werden inzwischen viele **broadsheets** jedoch ebenfalls im kleineren Tabloid-Format gedruckt. An der inhaltlichen Ausrichtung hat sich jedoch nichts geändert!

ERDKUNDE

Logisch?

1 Zimbabwe : Africa =

Hungary :

2 Seine : Paris =

Thames :

3 New South Wales : Australia =

California :

4 White House : USA =

10 Downing Street :

5 Arctic : Antarctic =

North Pole :

6 **Ausgesprochen** anders!

7 **Ausgesprochen** anders!

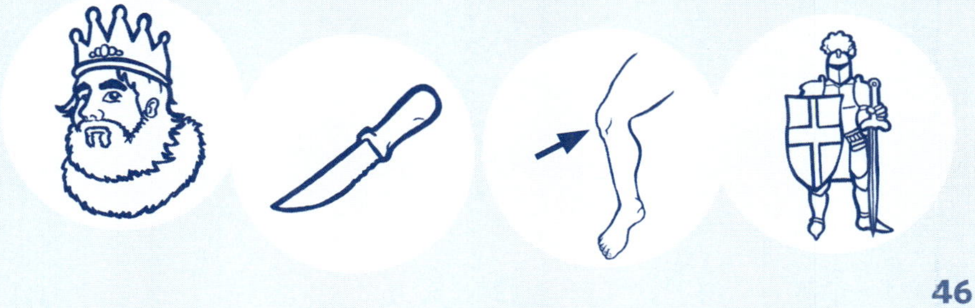

Lösungen

1. Europe
2. London
3. USA
4. UK
5. South Pole
6. Auch wenn alle Wörter mit ***o*** geschrieben werden, unterscheiden sie sich doch in der Aussprache:

   Rope, ***bone*** und ***rose*** spricht man mit [əʊ] aus, **sock** dagegen mit [ɒ].
7. ***King*** ist das einzige Wort, bei dem der Buchstabe ***k*** ausgesprochen wird. Bei ***knife***, ***knee*** und ***knight*** bleibt das ***k*** dagegen stumm.

Im englischsprachigen Ausland spricht man häufiger nur vom ***White House*** oder der ***Downing Street***, wenn eigentlich die amerikanische bzw. die britische Regierung gemeint ist. Auch andere Gebäude stehen oft stellvertretend für die Institution oder die Menschen, die sie beherbergen, so etwa der ***Buckingham Palace*** für die königliche Familie oder ***the Pentagon*** für das US-Militär.

TIERE

1

M	O	N	K	E	Y	C	A	T
R	E	Z	O	B	W	O	I	I
A	L	B	I	R	D	W	M	G
B	E	R	L	C	O	X	B	E
B	P	C	S	I	G	H	O	R
I	H	E	D	N	Z	N	O	U
T	A	S	E	G	A	A	Y	A
T	N	L	P	I	U	K	R	V
E	T	D	H	P	E	L	E	D

In diesem Buchstabengitter haben sich zehn Tiere versteckt – können Sie alle entdecken?

WORTWIRBEL

2

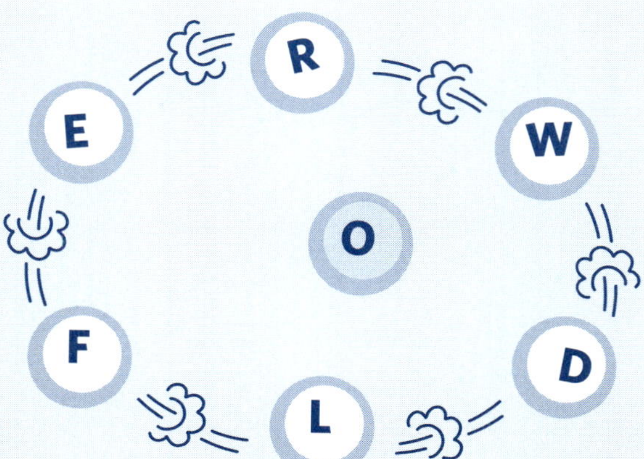

Gibt es das Wort wirklich? Schauen Sie nach unter **www.pons.eu**!

Lösungen

1

M	O	N	K	E	Y	C	A	T
R	E	Z	O	B	W	O	I	I
A	L	B	I	R	D	W	M	G
B	E	R	L	C	O	X	B	E
B	P	C	S	I	G	H	O	R
I	H	E	D	N	Z	N	O	U
T	A	S	E	G	A	A	Y	A
T	N	L	P	I	U	K	R	V
E	T	D	H	P	E	L	E	D

2 **Mögliche Lösungen:**
of (*von*), row (*rudern, Reihe, Streit*), low/er (*niedrig/er*), fold (*falten*), owl (*Eule*), lord (*Lord*), word (*Wort*), flow (*Fluss, Strom, fließen*), fowl (*Geflügel*), lewd (*anzüglich*), flower (*Blume*), world (*Welt*), role (*Rolle*), low (*niedrig*), ...

FRÜHSTÜCK

→

2. Brot
6. Spiegelei
7. Toast

↓

1. Frühstück
3. Saft
4. Apfelsine
5. Tee

Lösungen

	1 B							
2 B	R	E	A	D		3 J		4 O
	E					U		R
	A					I		A
	K			5 T		C		N
	6 F	R	I	E	D	E	G	G
	A			A				E
	S							
	7 T	O	A	S	T			

Das berühmte englische Frühstück besteht aus Würstchen (***sausages***), Speck (***bacon***), Eiern (***eggs***) und in Tomatensoße gebackenen Bohnen (***baked beans***). Dazu gibt es Toast mit Orangenmarmelade, Saft und Tee. Kaffee wird eher selten getrunken. In Schottland und Nordengland isst man zusätzlich gerne auch noch ein paar Scheiben scharf angebratene Blutwurst (***black pudding***).

Doch ob nun englisch oder schottisch - dieses deftige ‚Frühstück' nehmen die meisten Einheimischen inzwischen höchstens noch als Brunch zu sich!

1 Anagramm

E	U	S
R	S	R
A	P	T

Have you heard of Lady Gaga?
Of course I have! She's an absolute

_ _ _ _ _ _ _ _ _ !

Was fehlt hier?

2 Do you like l _ _ _ ning to music?

3 I am learning to play the _ _ no.

4 I like that song. Do you have it on _ _ ?

5 He's got a great v _ _ e.

6 Personally, I don't enjoy o _ _ a.

7 Turn that d _ _ _ , it's too loud!

Lösungen

1. superstar
2. listening
3. piano
4. CD
5. voice
6. opera
7. down

Aufgepasst! Radio hören / Musik hören übersetzt man mit **to listen to the radio / to listen to music**. Das Verb **to hear** wird im Sinne von wahrnehmen verwendet, z. B. **to hear a sound, to hear the doorbell ring** etc.

ESSEN & TRINKEN

1 Wortpaare

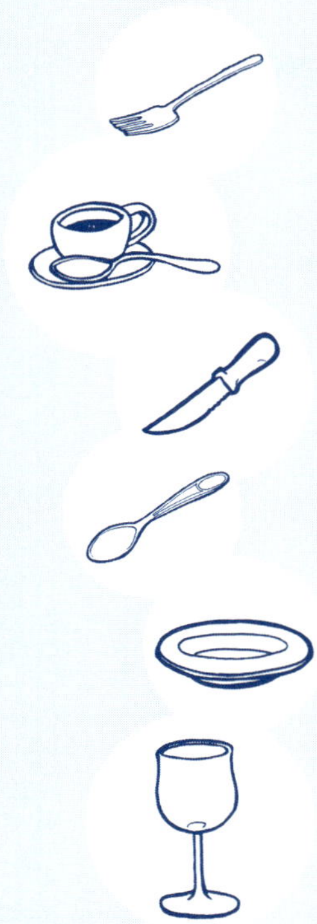

- plate
- knife
- fork
- glass
- spoon
- cup

FILM & FERNSEHEN

2 Silbenrätsel

cin cam DVD- screen tele vi ema web micro phone er flat sion play

a. ____________________

b. ____________________

c. ____________________

d. ____________________

e. ____________________

f. ____________________

Lösungen

1

 — fork

 — cup

 — knife

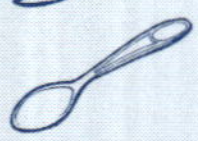 — spoon

 — plate

 — glass

2

a. television
b. cinema
c. webcam
d. DVD-player
e. flat screen
f. microphone

Logisch?

1. pear : tree =
blackberry :

2. house : town =
cottage :

3. car : road =
tractor :

4. grass : field =
tree :

5. sheep : wool =
cow :

6. cow : beef =
pig :

7. Rebus

ar = ou

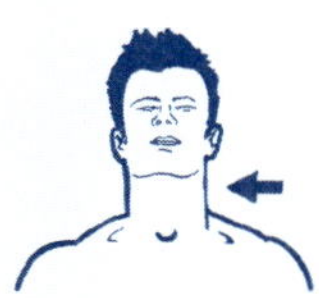

eck = try

Lösungen

1. bush
2. village
3. field
4. wood/forest
5. leather/milk
6. pork
7. country

Im Englischen unterscheidet man zwischen ***wood*** und ***forest***. Bei ***wood*** handelt es sich um einen kleineren, übersichtlichen Wald, oft in einer Stadt oder in Stadtnähe gelegen. Ein ***forest*** dagegen ist deutlich wilder und unberührter und erstreckt sich häufig über ganze Landstriche.

EINES PASST NICHT!

Was fällt hier aus der Reihe?

1	milk	yoghurt	cheese	meat
2	rose	grass	sunflower	poppy
3	wheel	engine	windscreen	flower
4	oak	beech	cactus	mahogany
5	keyboard	monitor	paint	mouse
6	timetable	calendar	diary	novel

Lösungen

1. milk yoghurt cheese ~~meat~~
2. rose ~~grass~~ sunflower poppy
3. wheel engine windscreen ~~flower~~
4. oak beech ~~cactus~~ mahogany
5. keyboard monitor ~~paint~~ mouse
6. timetable calendar diary ~~novel~~

Anagramm Visitenkarte

ice laps

1 What is today's

?

be cheer urges

2 I would like the

, please.

tressed

3 Yes, we would like to see the

menu, please.

4 **Ausgesprochen** anders!

5 **Ausgesprochen** anders!

Lösungen

1. special
2. cheeseburger
3. dessert

In Großbritannien ist es üblich, in Restaurants mindestens 10 % Trinkgeld zu geben. Ein einfaches Aufrunden der Summe würde eher knausrig wirken. Ein weiterer wichtiger Punkt: Innerhalb einer Gruppe von Leuten, die sich gut kennen, ist es üblich, die Rechnung durch die Anzahl der Anwesenden zu teilen, sodass am Ende jeder dieselbe Summe zahlt. Eine Ausnahme wird nur gemacht, wenn einer der Gäste deutlich weniger zu sich genommen hat (also etwa keine Nachspeise hatte).

4. Das Wort ***choir*** ist das einzige Wort der ***ch***-Reihe, das mit hartem [k] ausgesprochen wird. Alle anderen Wörter (***church***, ***cheese*** und ***chain***) spricht man mit [tʃ] aus.

5. Obwohl alle Wörter mit ***ea*** geschrieben werden, unterscheiden sie sich in der Aussprache: ***Meat***, ***eagle*** und ***eat*** spricht man mit langem [i:] aus, ***bread*** dagegen mit [e].

→

3. Garage
4. Badezimmer

↓

1. Briefkasten
2. Küche
3. Garten
4. Schlafzimmer
5. Arbeitszimmer

Lösungen

									1 L
		2 K		3 G	A	R	A	G	E
		I		A					T
4 B	A	T	H	R	O	5 O	M		T
E		C		D		F			E
D		H		E		F			R
R		E		N		I			B
O		N				C			O
O						E			X
M									

UNTERWEGS

1 In diesem Buchstabengitter sind acht Begriffe zum Thema Verkehr versteckt – haben Sie alle entdeckt?

T	E	A	T	O	B	U	S	S
R	L	E	E	B	O	O	U	T
A	I	R	P	L	A	N	E	A
I	P	O	L	C	T	O	B	T
N	R	A	S	Q	U	I	O	I
O	F	D	T	E	Z	T	E	O
T	X	G	H	B	A	A	Y	N
M	O	T	O	R	B	I	K	E
M	M	O	T	O	R	W	A	Y

WORTWIRBEL

2

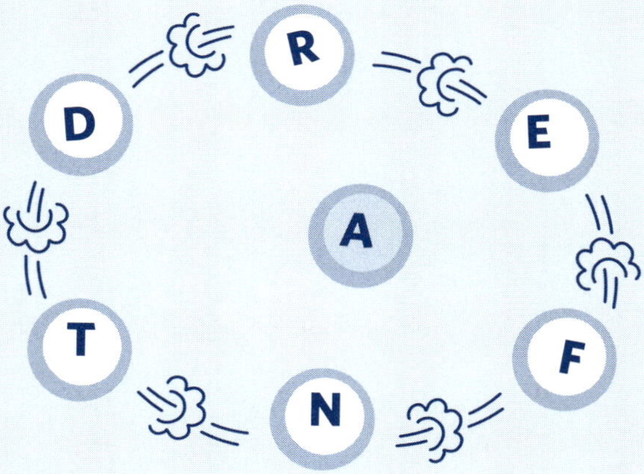

Gibt es das Wort wirklich? Schauen Sie nach unter **www.pons.eu**!

Lösungen

1

T	E	A	T	O	B	U	S	S
R	L	E	E	B	O	O	U	T
A	I	R	P	L	A	N	E	A
I	P	O	L	C	T	O	B	T
N	R	A	S	Q	U	I	O	I
O	F	D	T	E	Z	T	E	O
T	X	G	H	B	A	A	Y	N
M	O	T	O	R	B	I	K	E
M	M	O	T	O	R	W	A	Y

2 **Mögliche Lösungen:**

an (*ein/e/er*), fan (*Fan*), fat (*Fett, fett*), far (*weit*), fat (*dick*), ran (*Vergangenheit von run – rennen*), eat (*essen*), ate (*Vergangenheit von eat - essen*), tar (*Teer*), rat (*Ratte*), Dane (*Däne, Dänin*), feat (*Heldentat*), dart (*Pfeil, flitzen*), fade (*nachlassen*), rant (*Gezeter, schimpfen*), daft (*dämlich, doof*), darn (*Mist!*), ...

?

Was fehlt hier?

1. Do you p ___ football?
2. I don't like t ___ m sports.
3. Are you going for a r ___ after work?
4. They are having a s ___ ing lesson.
5. Do you like w ___ ing sports?
6. It is important to keep ___ .

7. Anagramm

E	H	O
A	C	C
T	O	L

I need some sugar before my run.
How about a piece of
___ ?

Lösungen

1. play
2. team
3. run
4. swimming
5. watching
6. fit
7. chocolate

Im Englischen verwendet man für die Beschreibung von Sportarten häufig eine Kombination aus ***go*** + Verb. So ist es zwar möglich zu sagen ***I swum***. Viel geläufiger sind jedoch die Wendungen ***I went swimming*** oder ***I went for a swim***. Analoges gilt auch für ***to go running/to go for a run*** anstelle von ***to run***.

Anagramm Visitenkarte

cab he

1 The ○○○○○ is just a few minutes away.

2 Scandinavia has so many beautiful ○○○○○.

kales

slap

3 I would love to see the Swiss ○○○○.

4 Silbenrätsel

mon **ster** **croco** **bit** **ham** **liz** **key** **ger** **ti** **rab** **dile** **ard**

a. ____________________

b. ____________________

c. ____________________

d. ____________________

e. ____________________

f. ____________________

Lösungen

1. beach
2. lakes
3. Alps
4. **a.** monkey
   b. crocodile
   c. rabbit
   d. hamster
   e. tiger
   f. lizard

1 Wortpaare

Bringen Sie die Gegensätze zusammen.

sunny	•	**calm**
wet	•	**warm**
cold	•	**stable**
windy	•	**cloudy**
changeable	•	**wintry**
summery	•	**dry**

2 Rebus

Lösungen

1. sunny — cloudy
   wet — dry
   cold — warm
   windy — calm
   changeable — stable
   summery — wintry

2. forecast

Die Briten unterhalten sich gerne über das Wetter. So gibt es zahlreiche Wendungen zu den unterschiedlichsten Wetterverhältnissen. Wenn es bei den Deutschen wie aus Eimern gießt, holt auch ein Engländer gerne seinen Eimer (***bucket***) hervor: Es gießt wie in Strömen - ***it's bucketing down***. Alternativ könnte man auch sagen ***it's pouring down***. Einen Schirm braucht man definitiv auch, wenn es Katzen und Hunde regnet: ***it's raining cats and dogs*** – es gießt wie aus Kübeln.

EINES PASST NICHT!

Was fällt hier aus der Reihe?

1	wind	rain	snow	hail
2	hot	cold	warm	cloudy
3	snow	ice	frost	sun
4	sea	island	lake	river
5	field	house	valley	mountain
6	Moon	Earth	Venus	Mars

Lösungen

1. ~~wind~~ rain snow hail
2. hot cold warm ~~cloudy~~
3. snow ice frost ~~sun~~
4. sea ~~island~~ lake river
5. field ~~house~~ valley mountain
6. ~~Moon~~ Earth Venus Mars

Logisch?

1. sofa : living room =
wardrobe :

2. cooker : kitchen =
shower :

3. bed : bedroom =
desk :

4. fridge : kitchen =
lawn :

5. boxes : attic =
wash basin :

6. **Ausgesprochen** anders!

7. **Ausgesprochen** anders!

Lösungen

1. bedroom
2. bathroom
3. office
4. garden
5. bathroom/toilet
6. Das Wort ***jacket*** passt nicht in die Reihe, da es im Gegensatz zu ***cat***, ***king*** and ***duck*** zweisilbig ist.
7. ***Pear***, ***hair*** und ***bear*** werden mit [eə] gesprochen, ***meat*** dagegen mit [iː].

In Großbritannien und Amerika werden für Wohnungsbeschreibungen, anders als in Deutschland, nur die Schlafzimmer gezählt. Ein ***two-bedroom flat/apartment*** hat also eine Küche, ein Badezimmer, ein Wohnzimmer und zwei Schlafzimmer und wäre somit in Deutschland eine Dreizimmerwohnung. Dabei spielt es keine Rolle, ob tatsächlich alle Schlafzimmer auch als solche genutzt werden. Besitzt man also neben der Küche und dem Wohnzimmer noch ein Schlafzimmer, Esszimmer und Arbeitszimmer, lebt man noch immer in einem ***three-bedroom flat/apartment/house***.

FAMILIE

1

F	A	T	H	E	R	G	O	B
A	D	E	S	I	S	T	E	R
J	A	I	O	U	M	O	U	O
N	U	T	N	N	O	U	N	T
E	G	L	L	C	T	O	I	H
P	H	A	H	L	H	N	E	E
H	T	U	U	E	E	E	C	R
E	E	N	H	N	R	Q	E	B
W	R	T	C	O	U	S	I	N

In diesem Gitter stecken elf Familienmitglieder. Eines davon schreibt sich im Englischen und Deutschen gleich: welches?

WORTWIRBEL

2

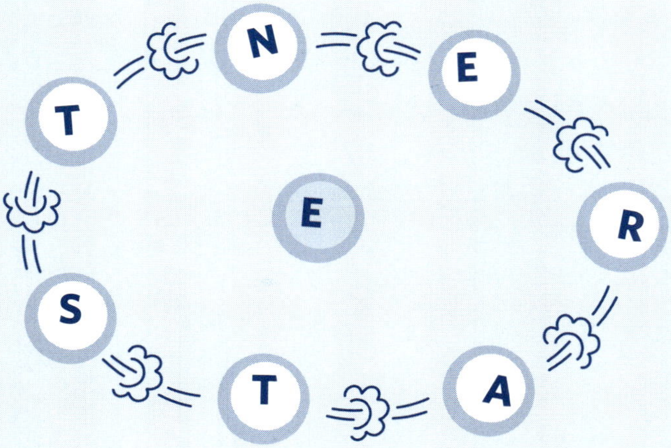

Gibt es das Wort wirklich? Schauen Sie nach unter **www.pons.eu**!

Lösungen

1

F	A	T	H	E	R	G	O	B
A	D	E	S	I	S	T	E	R
J	A	I	O	U	M	O	U	O
N	U	T	N	N	O	U	N	T
E	G	L	L	C	T	O	I	H
P	H	A	H	L	H	N	E	E
H	T	U	U	E	E	E	C	R
E	E	N	H	N	R	Q	E	B
W	R	T	C	O	U	S	I	N

Die Antwort lautet *cousin* bzw. *Cousin*.

2 **Mögliche Lösungen:**
eat (*essen*), ate (*Vergangenheit von eat - essen*), ear (*Ohr*), are (*you-Form von be - sein*), net (*Netz*), ten (*zehn*), teen (*Teenager*), near (*nah*), neat (*ordentlich*), tear (*reißen, Träne*), rent (*Miete, mieten*), tent (*Zelt*), taste (*Geschmack, schmecken*), stare (*starren*), stern (*ernst, streng*), street (*Straße*), state (*Staat*), ...

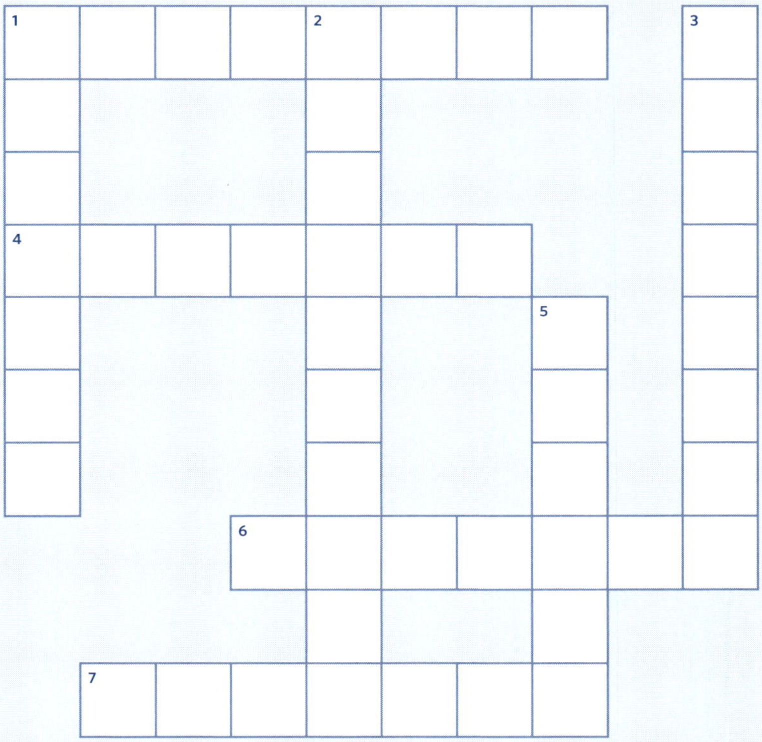

→

1. die Amerikaner nennen es "soccer"
4. selbst Engländer verstehen die Regeln manchmal nicht
6. die alltäglichste aller Sportarten
7. hierzu braucht man ein Boot

↓

1. Kampfsportart mit Degen, Florett oder Säbel
2. wörtlich übersetzt hieße es "Korbball"
3. hierzu braucht man ein Schwimmbad
5. beliebter Wintersport

Lösungen

1 F	O	O	T	2 B	A	L	L		3 S
E				A					W
N				S					I
4 C	R	I	C	K	E	T			M
I				E			5 S		M
N				T			K		I
G				B			I		N
			6 W	A	L	K	I	N	G
				L			N		
	7 S	A	I	L	I	N	G		

Wir nennen es Fußball, die Briten ***football*** und in Amerika heißt das Ganze ***soccer***. Unter ***football*** verstehen die Amerikaner dagegen eine Sportart, die dem Rugby ähnelt.

Was fehlt hier?

1. I really need to buy some new c _ _ _ _ _ s.
2. They don't have anything that f _ _ _ me.
3. Excuse me, do you have this a size b _ _ _ _ r?
4. He hates i _ _ _ ing – just look at the creases in his shirt!
5. Pyjamas have to be very c _ _ _ _ _ _ able.
6. The ma _ _ _ _ _ l is very important.

7. Rebus

Lösungen

1. clothes
2. fits
3. bigger
4. ironing
5. comfortable
6. material
7. trousers

In Großbritannien sind Hosen ***trousers*** und Unterhosen ***pants***. Wer allerdings in den USA nach ***pants*** fragt, bekommt stattdessen eine Hose und muss nach ***underwear*** fragen, um an eine Unterhose zu kommen.

GEFÜHLE

1 Silbenrätsel

gry ex up an fu py cit sur ous ri prised set ed hap

a. ______________________

b. ______________________

c. ______________________

d. ______________________

e. ______________________

f. ______________________

MUSIK

2 Anagramm

A	U	L
B	O	D
V	E	R

My favourite musical is Sunset

______________________!

Lösungen

1. **a.** upset
   b. excited
   c. angry
   d. surprised
   e. furious
   f. happy

2. Boulevard

AT THE THEATRE

Anagramm Visitenkarte

car unit

1 Sssshh! The ◯◯◯◯◯◯◯ is going up.

2 I recognise that ◯◯◯◯◯ from another play.

cat or

pecan former

3 What a brilliant ◯◯◯◯◯◯◯◯◯◯◯!

KLEIDUNG

4 Wortpaare

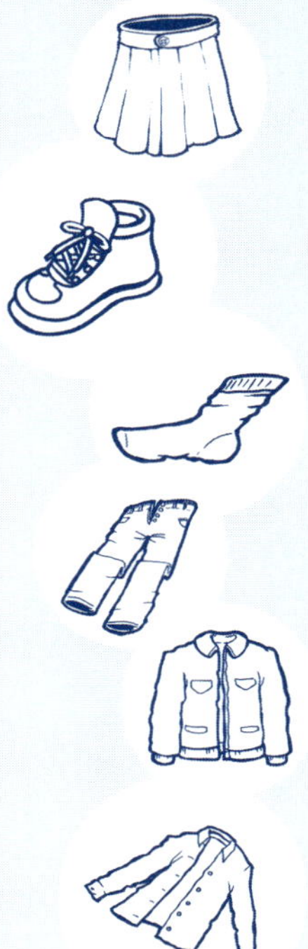

- **trousers**
- **skirt**
- **shirt**
- **shoe**
- **jacket**
- **sock**

Lösungen

1. curtain
2. actor
3. performance
4.  — skirt

    — shoe

    — sock

    — trousers

    — jacket

    — shirt

Logisch?

1. newspaper : newsagent =
   holiday :

2. food : supermarket =
   medicine :

3. bread : baker =
   meat :

4. antique : antiques shop =
   books :

5. sofa : furniture store =
   paper :

6. **Ausgesprochen** anders!

7. **Ausgesprochen** anders!

Lösungen

1. travel agent
2. pharmacy
3. butcher
4. bookshop/bookstore
5. stationer
6. Auch wenn alle vier Wörter mit **c** beginnen, unterscheiden sie sich in der Aussprache: ***Cow***, ***cat*** und ***car*** werden mit hartem [k] ausgesprochen, ***circle*** dagegen mit einem [s].
7. Die vier Wörter (***star***, ***sugar***, ***street***, ***sun***) haben zwar alle denselben Anfangsbuchstaben s, doch ***sugar*** wird mit [ʃ] gesprochen, die anderen hingegen mit [s].

EINES PASST NICHT!

Was fällt hier aus der Reihe?

1	blue	black	red	round
2	gold	silver	water	copper
3	square	rectangle	circle	triangle
4	straight	bendy	rounded	crooked
5	physics	art	biology	chemistry
6	essay	poem	novel	mathe-matics

Lösungen

1. blue black red ~~round~~
2. gold silver ~~water~~ copper
3. square rectangle ~~circle~~ triangle
4. ~~straight~~ bendy rounded crooked
5. physics ~~art~~ biology chemistry
6. essay poem novel ~~mathematics~~

In Großbritannien wird für ***mathematics*** in der gesprochenen Sprache meist nur die Kurzform ***maths*** benutzt, vor allem, wenn es sich um das Schulfach Mathematik handelt. Im amerikanischen Englisch lautet die Kurzform jedoch nicht ***maths***, sondern ***math***.

→

1. unglücklich
3. überrascht
7. aufgeregt
8. zufrieden, erfreut
9. gestresst

↓

2. glücklich
4. bestürzt, mitgenommen
5. traurig
6. deprimiert

Lösungen

	1 U	N	2 H	A	P	P	Y			
			A							
3 S	4 U	R	P	R	I	5 S	E	6 D		
	P		P			A		E		
	S		Y			D		P		
	E							R		
	T		7 E	X	C	I	T	E	D	
								S		
				8 P	L	E	A	S	E	D
								E		
	9 S	T	R	E	S	S	E	D		

FESTTAGE

Was fehlt hier?

1. Have you done your C _ _ _ _ _ _ _ s shopping yet?
2. I just don't know what to get my mother for her b _ _ _ _ _ _ _ !
3. When is E _ _ _ _ r this year?
4. I have made lots of N _ _ _ _ _ _ 's resolutions this year.
5. What! You're not going to your sister's w _ _ _ _ _ _ ?
6. Are you having a H _ _ _ _ _ _ _ _ party this time?
7.

C	E	H	O	L	I	D	A	Y	H
F	H	E	E	U	A	Y	B	N	A
G	K	R	M	N	E	A	I	E	L
W	T	T	I	C	A	D	R	W	L
M	E	I	K	S	S	H	T	Y	O
A	R	D	T	E	T	T	H	E	W
Y	I	N	D	R	E	M	D	A	E
D	E	U	N	I	R	A	A	R	E
A	R	A	H	W	N	B	Y	S	N
Y	G	L	A	V	I	G	R	A	C

Haben Sie alle acht Wörter gefunden, die sich hier in dem Buchstabengitter zum Thema Festtage versteckt haben?

Lösungen

1. Christmas
2. birthday
3. Easter
4. New Year's
5. wedding
6. Halloween
7.

C	E	H	O	L	I	D	A	Y	H
F	H	E	E	U	A	Y	B	N	A
G	K	R	M	N	E	A	I	E	L
W	T	T	I	C	A	D	R	W	L
M	E	I	K	S	S	H	T	Y	O
A	R	D	T	E	T	T	H	E	W
Y	I	N	D	R	E	M	D	A	E
D	E	U	N	I	R	A	A	R	E
A	R	A	H	W	N	B	Y	S	N
Y	G	L	A	V	I	G	R	A	C

Das Wort ***holiday*** leitet sich von ***holy day*** (*‚heiliger Tag'*) ab. Aus diesem Grund werden auch heute noch Weihnachten, Ostern und andere religiöse Festtage als ***holidays*** bezeichnet. Ansonsten bedeutet ***holiday*** im heutigen Sprachgebrauch natürlich in der Regel einfach nur *Urlaub* oder *Ferien*.

1 Rebus

t = g

k = t

~~un~~

2 Anagramm

S	N	K
D	A	A
H	H	E

They greeted each other with a friendly

.

Lösungen

1. greetings
2. handshake

Anagramm Visitenkarte

itch ken

1 I think we need to clean this _______ !

2 Oh, look in the ______ , there's a fox!

danger

boar moth

3 She always takes so long in the ________ .

4 Would you mind carrying it into the __________ ?

virgin loom

mode robs

5 How many ________ does the new place have?

6 We can fit a ________ into the corner there.

rap do cub

Lösungen

1. kitchen
2. garden
3. bathroom
4. living room
5. bedrooms
6. cupboard

Füchse gehören seit Jahren zur urbanen Landschaft Großbritanniens und Nordamerikas und sind weiter in vielen Städten auf dem Vormarsch. Den Füchsen gefällt offenbar die geräumige Siedlungsstruktur angelsächsischer Städte - große Parks, geschützte Privatgärten und immer ausreichend Futter durch Essensabfälle.

Vor einigen Jahren wurde in Großbritannien die traditionelle aristokratische Fuchsjagd zu einem politischen Streitthema. Nach aktueller Gesetzeslage dürfen Bauern zwar auf Füchse schießen, die Hetzjagd mit Hunden bleibt aber verboten.

ZAHLEN & MAßE

1 Wortpaare

Million	centimetre
Meile	billion
Milliarde	hundredweight
Zoll	million
Zentimeter	mile
Zentner	inch

COMPUTER

2 Silbenrätsel

ers ca lap board key er moni speak ble top tor print

a. ______

b. ______

c. ______

d. ______

e. ______

f. ______

Lösungen

1. | | | |
|---|---|---|
| Million | — | million |
| Meile | — | mile |
| Milliarde | — | billion |
| Zoll | — | inch |
| Zentimeter | — | centimetre |
| Zentner | — | hundredweight |

2. **a.** monitor
   b. laptop
   c. cable
   d. speakers
   e. keyboard
   f. printer

Im britischen Englisch werden Wörter wie ***metre*** oder ***theatre*** mit *-re* geschrieben, im amerikanischen Englisch dagegen mit *-er*.

?

C	B	R	E	A	D	P	C
H	A	H	A	X	Q	U	H
O	N	H	A	M	Q	U	E
O	A	P	P	L	E	S	E
E	N	S	A	E	D	A	S
S	A	S	T	E	A	K	E
E	S	O	E	I	K	S	E
C	A	R	R	O	T	S	L

Schauen Sie sich das Buchstabengitter genau an und vervollständigen Sie dann die folgenden Sätze:

1. I think ⚪⚪⚪⚪⚪⚪⚪ are grown in the Caribbean.
2. Are these ⚪⚪⚪⚪⚪⚪⚪ from the local farm?
3. These ⚪⚪⚪⚪⚪⚪ are lovely and ripe!
4. How do you like your ⚪⚪⚪⚪⚪ ? - Medium rare, please.
5. I'm afraid I don't like blue ⚪⚪⚪⚪⚪⚪ !
6. The ⚪⚪⚪⚪⚪ is one thing I really miss about Germany.

Lösungen

C	B	R	E	A	D	P	C
H	A	H	A	X	Q	U	H
O	N	H	A	M	Q	U	E
O	A	P	P	L	E	S	E
E	N	S	A	E	D	A	S
S	A	S	T	E	A	K	E
E	S	O	E	I	K	S	E
C	A	R	R	O	T	S	L

1. bananas
2. carrots
3. apples
4. steak
5. cheese
6. bread

Logisch?

1 paper : pen =

canvas :

2 book : library =

painting :

3 book : author =

sculpture :

4 writer : pen =

painter :

5 countryside : landscape =

person :

6 **Ausgesprochen** anders!

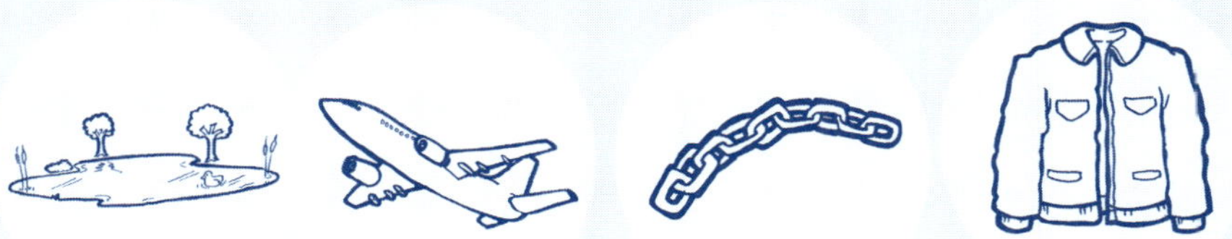

7 **Ausgesprochen** anders!

Lösungen

1. paint
2. gallery
3. sculptor
4. brush
5. portrait
6. Das Wort *jacket* passt nicht in die Reihe, da nur in diesem Fall das a als [æ] ausgesprochen wird. ***Lake***, ***plane*** und ***chain*** dagegen spricht man mit [eɪ] aus.
7. Im Gegensatz zu den anderen Wörtern (***bus***, ***duck*** und ***drums***), die mit [ʌ] ausgesprochen werden, wird ***ruler*** mit [uː] ausgesprochen und fällt somit aus der Reihe.

EINES PASST NICHT!

Was fällt hier aus der Reihe?

1	door	lock	key	stairs
2	dog	wood	plastic	metal
3	lane	road	avenue	lake
4	van	lorry	train	car
5	king	queen	president	prince
6	queen	pawn	knight	priest

Lösungen

1. door lock key ~~stairs~~
2. ~~dog~~ wood plastic metal
3. lane road avenue ~~lake~~
4. van lorry ~~train~~ car
5. king queen ~~president~~ prince
6. queen pawn knight ~~priest~~

Im englischen Sprachgebrauch nennt man den Bauern beim Schach ***pawn***. Da Schachspieler gerne ihre Bauern für höhere Ziele opfern und der Bauer somit oft nur ein Instrument ist, verwendet man das Wort ***pawn*** häufig auch übertragen im Sinne von ‚Marionette' oder ‚Schachfigur'.

↓

1. city in the North of England on the bank of the River Tyne
3. abbreviation of Los Angeles
4. relaxed Californian place, home of the Golden Gate Bridge (2 words)
6. largest city in Canada
7. hometown of Microsoft and Starbucks
8. capital of Scotland
9. The Big Apple, two letters
13. world-famous university, UK
14. capital of the United States (part 2)

→

2. pop-music port in England
5. capital of the United States (part 1)
10. Australian city with a famous opera house
11. capital of Canada
12. capital of the United Kingdom
15. third-largest city in the USA (the „Windy City“)

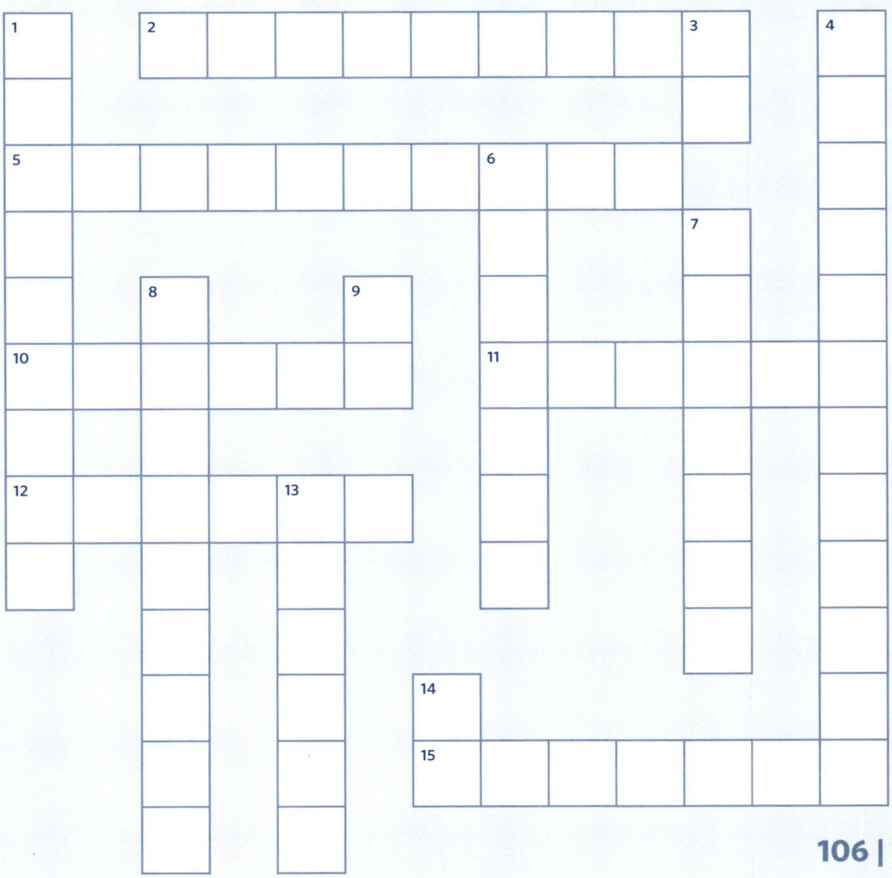

Lösungen

1 N		2 L	I	V	E	R	P	O	O	3 L		4 S
E										A		A
5 W	A	S	H	I	N	G	6 T	O	N			N
C							O			7 S		F
A		8 E			9 N		R			E		R
10 S	Y	D	N	E	Y		11 O	T	T	A	W	A
T		I					N			T		N
12 L	O	N	D	13 O	N		T			T		C
E		B		X			O			L		I
		U		F						E		S
		R		O		14 D						C
		G		R		15 C	H	I	C	A	G	O
		H		D								

AUF DER POST

Anagramm Visitenkarte

soft fopice

1. I need to go to the ________ .

2. I'd like a stamp for a ________ , please.

cops dart

cool client

3. What time is the last ________ from this box?

IN DER NATUR

4. Wortpaare

- trousers
- skirt
- shirt
- shoe
- jacket
- sock

Lösungen

1. post office
2. postcard
3. collection
4.  — flower

    — lake

    — plant

    — leaf

    — tree

    — river

ZU HAUSE

1 Rebus

2 Anagramm

S	R	L
E	I	E
B	A	M

How do you feel about your test result?

It wasn't very good. I'm feeling a little _________ .

3

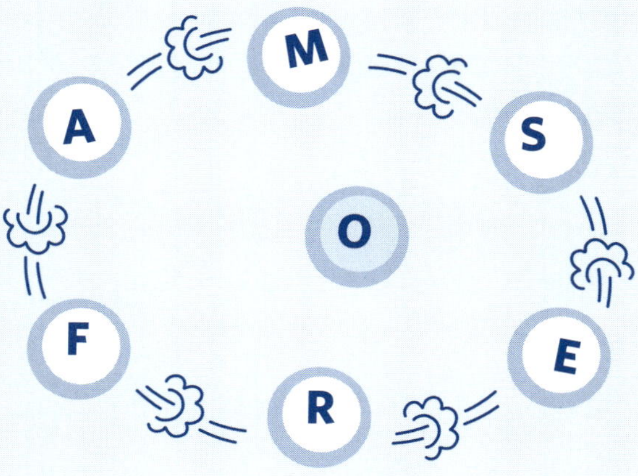

foam,

Gibt es das Wort wirklich? Schauen Sie nach unter **www.pons.eu**!

WORTWIRBEL

Lösungen

1 grandparents

2 miserable

Wenn Sie Vokabeln zum Thema „Familie" lernen, dann können Sie so vorgehen: Eine Familie besteht ja aus vielen verschiedenen Personen (z. B. Onkel, Schwiegertochter, Enkelkind usw.). Versuchen Sie, einen kleinen Familienstammbaum von Ihrer Familie zu erstellen und übersetzen Sie alle Bezeichnungen ins Englische. Am besten nehmen Sie dazu ein DIN-A3-Blatt und legen gleich los!

3 **Mögliche Lösungen:**
foam (*Schaum*), foe (*Feind/in*), for (*für*), form (*Form, Art*), from (*von*), more (*mehr*), roam (*umherstreifen*), rose (*Rose*), Rome (*Rom*), sofa (*Sofa*), some (*einige*), sore (*schlimm, wund*), ...

Some ist ein nützliches Wort, mit dem viele verwandte Wörter gebildet werden, so z. B.:

ENGLISCH	DEUTSCH
somehow	*irgendwie*
someone/somebody	*irgendjemand*
something	*irgendetwas*
sometime	*irgendwann*
sometimes	*manchmal*
somewhere	*irgendwo*

EINES PASST NICHT!

Was fällt hier aus der Reihe?

1	eye	finger	hand	knuckle
2	guitar	piano	song	trumpet
3	foot	knee	shoulder	toe
4	dancer	fan	singer	voice
5	arm	ear	mouth	nose
6	band	circus	choir	orchestra

Lösungen

1. ~~eye~~ finger hand knuckle
2. guitar piano ~~song~~ trumpet
3. foot knee ~~shoulder~~ toe
4. dancer fan singer ~~voice~~
5. ~~arm~~ ear mouth nose
6. band ~~circus~~ choir orchestra

Im Deutschen sagt man „Ich bin ein Fan von ...“. Dies wird oft mit **"I'm a fan from ..."** ins Englische übertragen, richtig heißt es aber **"I'm a fan of ..."**!

→ **I'm a big fan ~~from~~ of Italian food.**
Ich bin ein großer Fan von italienischem Essen.

1 Anagramm Visitenkarte

rogers twin

Tom loves listening to the radio. He wants to be

a ____________ .

2 Rebus

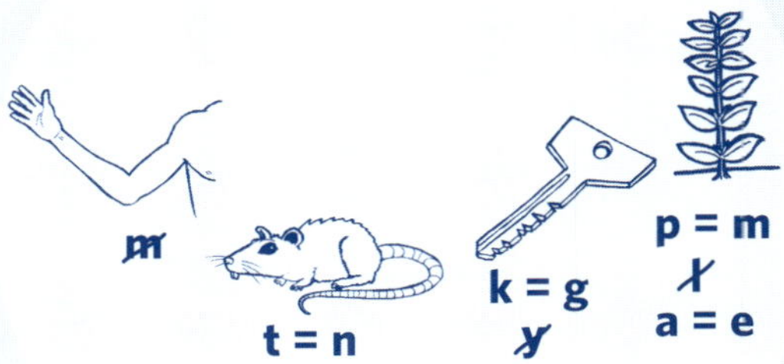

3 Rebus

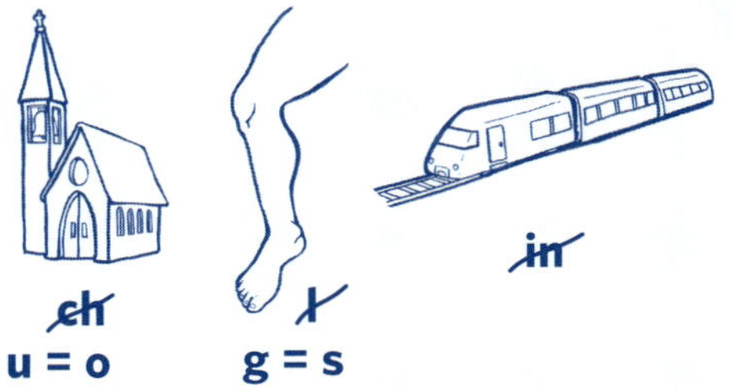

Lösungen

1 songwriter

2 arrangement

Sind Sie ein Musikfan? Wenn ja, dann hören Sie bestimmt oft auch englischsprachige Lieder an. Sollten Sie ein Lied haben, das Sie gerne hören, dann suchen Sie doch mal den Songtext im Internet und lesen Sie ihn mit, während das Lied läuft.

Sie können auch versuchen, das Lied ins Deutsche zu übersetzen. Oft finden Sie im Internet einen Übersetzungsvorschlag, mit dem Sie dann Ihre Übersetzung vergleichen können.

3 orchestra

TELEFONIEREN

➜

3. anrufen
5. sprechen
6. klingeln
7. besetzt
8. Handy

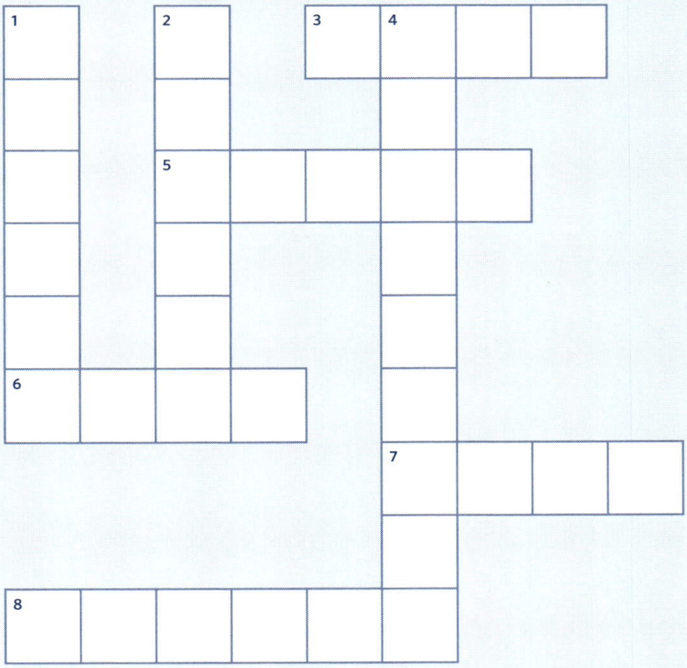

➜ (down)

1. antworten
2. zuhören
4. erreichbar

Lösungen

[1] A		[2] L		[3] C	[4] A	L	L	
N		I			V			
S		[5] S	P	E	A	K		
W		T			I			
E		E			L			
[6] R	I	N	G		A			
					[7] B	U	S	Y
					L			
[8] M	O	B	I	L	E			

Wenn man in Deutschland einen Anruf entgegennimmt, meldet man sich meistens mit „Hallo." und mit dem Namen.
In England dagegen sagt man einfach nur **"Hello!"**
Beim Anrufen ist es genauso: Während sich Deutsche meistens mit dem Namen melden, und dann nach der Person fragen, die sie sprechen möchten, sagen die Engländer gleich **"Hello, can I speak to ... please?"**

Was fehlt hier?

1. I'm going to the l _ _ _ _ _ y this afternoon.
2. I need to take b _ _ k my books.
3. What kind of books do you like to r _ _ d?
4. Walter is looking for the word in a d _ _ _ _ _ _ _ _ y.
5. I always look at the n _ _ _ _ _ _ _ r in the morning.

6. Finden Sie alle sieben Eigenschaften, die in diesem Raster versteckt sind?

Q	U	I	E	T	F	A	N	K
A	T	S	E	D	U	B	M	L
H	F	R	I	E	N	D	L	Y
C	X	J	F	K	N	V	F	B
G	R	U	M	P	Y	M	U	F
C	I	B	D	W	I	R	S	N
F	P	O	L	I	T	E	P	I
J	Q	R	D	B	N	K	A	C
S	W	E	E	T	L	G	W	E

Lösungen

1. library
2. back
3. read
4. dictionary
5. newspaper

Mit Lesen können Sie gut Ihre Englischkenntnisse weiterentwickeln. Versuchen Sie deshalb so viel wie möglich auf Englisch zu lesen. Es muss ja nicht gleich ein Werk von Charles Dickens oder William Shakespeare sein! Sie könnten zum Beispiel mit einem Kinderbuch anfangen, oder mit Kurzgeschichten. Oder kaufen Sie sich mal eine englische Zeitung!

6.

Q	**U**	**I**	**E**	**T**	**F**	A	N	K
A	T	S	E	D	**U**	B	M	L
H	**F**	**R**	**I**	**E**	**N**	**D**	**L**	**Y**
C	X	J	F	K	**N**	V	F	B
G	**R**	**U**	**M**	**P**	**Y**	M	U	F
C	I	B	D	W	I	R	S	**N**
F	**P**	**O**	**L**	**I**	**T**	**E**	P	**I**
J	Q	R	D	B	N	K	A	**C**
S	**W**	**E**	**E**	**T**	L	G	W	**E**

Verwechseln Sie nicht **funny** mit **fun**. Wenn etwas oder jemand **funny** ist, dann ist er/sie/es lustig. Wenn aber etwas **fun** ist, dann heißt das, dass es Spaß macht.

Jessica is a really funny person. It is fun to spend time with her.

Im Englischen sagt man **to be fun**, wenn man ausdrücken will, dass etwas Spaß macht.

➜ **Playing football ~~makes~~ is fun.**

Logisch?

1 brother : relative =
football :

2 happy : emotion =
sunny :

3 May : month =
Easter :

4 flower : plant =
spider :

5 Spain : country =
French :

6 Wortpaare

foreigner	**Bewohner**
minority	**Ausländer**
offspring	**ländlich**
resident	**Minderheit**
rural	**städtisch**
urban	**Nachkomme**

Lösungen

1. sport
2. weather
3. holiday
4. insect
5. language

Menschen aus Australien sind **Australians**, sprechen aber meistens **English** - nicht ~~**Australian**~~. Allerdings gibt es in Australien mehr als 200 Sprachen und Dialekte der **Aborigines**, der Ureinwohner Australiens.

6.

foreigner	—	Ausländer
minority	—	Minderheit
offspring	—	Nachkomme
resident	—	Bewohner
rural	—	ländlich
urban	—	städtisch

Verwechseln Sie nicht **people's** und **peoples**! Im ersten Fall ist der Genitiv gemeint, wie z. B. in **people's opinion** (*die Meinung der Leute*). Im zweiten Fall, ohne Apostroph, wird **peoples** mit *Völker* übersetzt, also z. B. **All the peoples of this world** heißt dann *Alle Völker dieser Erde*.

1 Silbenrätsel

tre hun mil ty twen kilo en sev me teen sand thou dred lion

a. ____________________

b. ____________________

c. ____________________

d. ____________________

e. ____________________

f. ____________________

2

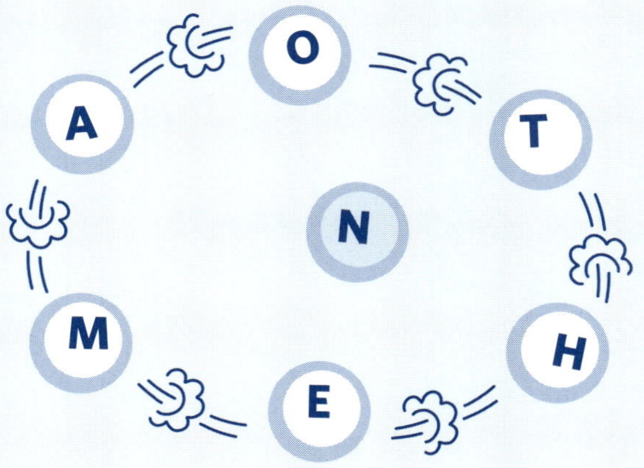

hen, ____________________

____

____

Gibt es das Wort wirklich? Schauen Sie nach unter **www.pons.eu**!

Lösungen

1 **a.** seventeen
b. twenty
c. thousand
d. million
e. kilometre
f. hundred

In Großbritannien und den USA wird räumliche Distanz in Meilen ausgedrückt:
1 km = 0,621371192 Meilen
1 Meile = 1,609344 km
Wenn Sie dort mit dem Auto unterwegs sind, sollten Sie zudem aufpassen, dass Sie nicht zu schnell fahren. Das übliche Geschwindigkeitslimit auf britischen Autobahnen ist 70 mph = 113 km/h, in den USA liegt es je nach Bundesstaat bei 55-80 mph = 89-129 km/h.

2 **Mögliche Lösungen:**
hen (*Henne*), man (*Mann*), men (*Männer*), name (*Name*), neat (*ordentlich*), no (*kein/e, nein*), not (*nicht*), note (*Notiz*), on (*auf, an*), one (*ein/e*), tan (*bräunen*), than (*als*), then (*damals*), tone (*Klang, Ton*), ...

Bei Hauptwörtern gibt es viele unregelmäßige Pluralformen.
Hier sind einige, die besonders häufig vorkommen:

SINGULAR	PLURAL
child (*Kind*)	**children** (*Kinder*)
man (*Mann*)	**men** (*Männer*)
woman (*Frau*)	**women** (*Frauen*)
foot (*Fuß*)	**feet** (*Füße*)
life (*Leben*)	**lives** (*Leben*)
knife (*Messer*)	**knives** (*Messer*)
tooth (*Zahn*)	**teeth** (*Zähne*)
wife (*Ehefrau*)	**wives** (*Ehefrauen*)

ALLTAGSLEBEN

1 Anagramm Visitenkarte

coffee coil rip

Sarah would like to work as a ○○○○○○ ○○○○○○○.

2 **Ausgesprochen** anders!

3 **Ausgesprochen** anders!

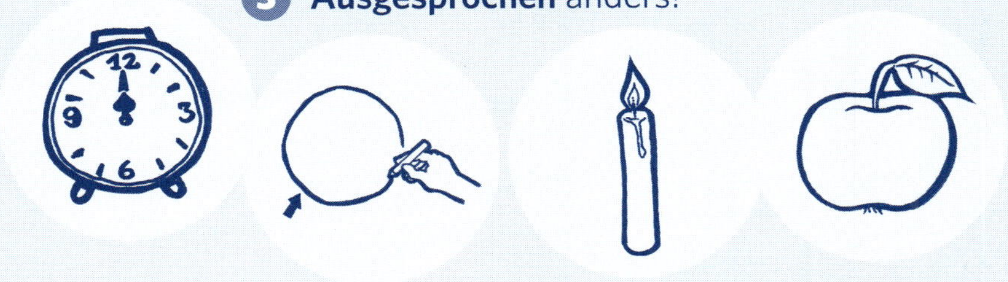

Lösungen

1. police officer

2. **Meat** passt nicht, weil es kein zusammengesetztes Wort ist (wie **briefcase**, **motorbike**, **newspaper**).

3. **Clock** passt nicht, weil es nicht auf **-le** endet (wie **circle**, **candle**, **apple**).

Wie überall auf der Welt haben Polizisten in Großbritannien auch einige inoffizielle Namen. Hier sind die bekanntesten:

the busy
the coppers
the fuzz
the old bill

IN DER SCHULE

Anagramm Visitenkarte

bath leap

1 What was the first thing you learnt in English?

It was the _ _ _ _ _ _ _.

2 Did you have to wear a

_ _ _ _ _ _ _ _ _ _ _ _ ? Yes, I did!

chin floor sumo

drag only up

3 What did you like most about school?
Playing football in the

_ _ _ _ _ _ _ _ _ _.

GELD

4 Finden Sie die neun Begriffe zum Thema Geld in dem Raster?

B	U	Y	A	Q	E	V	B	N
L	K	J	C	D	C	S	A	K
S	W	Q	T	P	O	U	N	D
A	H	G	F	D	I	L	K	O
V	P	S	P	E	N	D	I	P
E	V	E	B	V	C	X	Y	T
A	S	L	D	F	C	O	S	T
O	I	L	G	W	A	R	G	E
F	H	G	U	C	A	S	H	Z

Lösungen

1. alphabet
2. school uniform
3. playground

In den USA haben die Schüler der verschiedenen Klassenstufen in der High School und am College bestimmte Bezeichnungen: in der 9. Klasse heißen sie **Freshmen**, Schüler der 10. Klasse heißen **Sophomores**, in der 11. Klasse heißen sie **Juniors** und in der 12. Klasse werden sie **Seniors** genannt.

4.

B	U	Y	A	Q	E	V	B	N
L	K	J	C	D	C	S	A	K
S	W	Q	T	P	O	U	N	D
A	H	G	F	D	I	L	K	O
V	P	S	P	E	N	D	I	P
E	V	E	B	V	C	X	Y	T
A	S	L	D	F	C	O	S	T
O	I	L	G	W	A	R	G	E
F	H	G	U	C	A	S	H	Z

In den USA haben **coins** (*Münzen*) folgende Bezeichnungen:

- eine Ein-Cent-Münze = **a penny**
- eine Fünf-Cent-Münze = **a nickel**
- eine Zehn-Cent-Münze = **a dime**
- eine 25-Cent-Münze (ein Vierteldollar) = **a quarter**

Es gibt zudem noch **half dollars** und **dollar coins**.

Was fehlt hier?

1. I am going to write a l _ _ _ _ r to my grandparents.
2. Have fun on your holiday. Don't forget to send me a p _ _ _ _ _ _ d!
3. I'm just going to check the l _ _ _ _ r b _ x for post.
4. Do you have a s _ _ _ p?
5. Can you take this to the p _ _ t o _ _ _ _ e for me, please?

Logisch?

6. red : colour = **beef** : ____
7. bus : transport = **grape** : ____
8. cola : soft drink = **beer** : ____
9. spring : season = **potato** : ____
10. lemonade : drink = **butter** : ____

Lösungen

1 letter
2 postcard
3 letter box
4 stamp
5 post office

Beachten Sie beim Briefeschreiben auf Englisch folgende Punkte:

- Datum oben rechts (**BritE**: Tag/Monat/Jahr, **AmE**: Monat/Tag/Jahr).
- Bei der Anrede schreiben Sie **Dear John** (wenn Sie den Namen des Empfängers kennen), oder **Dear Sir/Madam** (wenn Sie ihn nicht kennen).
- Nach der Anrede (mit oder ohne Komma) wird groß weitergeschrieben, z. B. **Dear Sally, Thank you for your letter.**
- Formelle Briefe beendet man mit **Yours sincerely** oder **Yours faithfully**. Weniger formell sind z. B. **Best wishes**, **Kind regards**, **Love** und **Cheers**.

6 meat
7 fruit
8 alcohol
9 vegetable
10 dairy

Kartoffeln sind das Grundnahrungsmittel vieler Briten. Ein Tag ohne Kartoffeln ist für manche Leute wie ein Tag ohne Sonnenschein. Und weil Kartoffeln so wichtig und beliebt sind, haben sie einige Spitznamen, wie z. B.:

murphies
spuds
tatties
taters

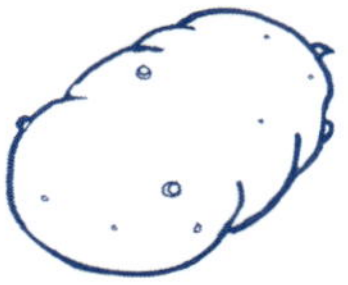

ALLTÄGLICHES

1 Anagramm

E	F	T
R	D	I
E	I	R

Do you want to come and have a look at my pet snake?

No way! I'm _ _ _ _ _ _ _ _ _ of snakes.

2 Rebus

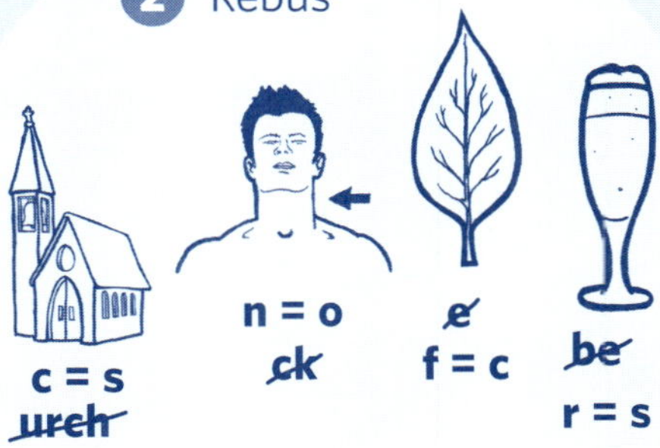

3 Rebus

Lösungen

1 terrified

2 shoelaces

Machen Sie einen kleinen Vokabeltest und überlegen Sie mal: Wie viele englische Wörter für Gefühle kennen Sie? Listen Sie diese alle auf, aber in der richtigen Spalte!

:) happy	**:(unhappy**
proud	terrified
excited	miserable
...	...

3 supermarket

EINES PASST NICHT!

?

Was fällt hier aus der Reihe?

1	keyboard	mouse	pencil	screen
2	cardigan	glasses	gloves	scarf
3	bill	menu	ticket	waiter
4	brakes	engine	saddle	seatbelt
5	harbour	lifeboat	tanker	yacht
6	happy	delighted	pleased	nervous

Lösungen

1. keyboard mouse ~~pencil~~ screen
2. cardigan ~~glasses~~ gloves scarf
3. bill menu ~~ticket~~ waiter
4. brakes engine ~~saddle~~ seatbelt
5. ~~harbour~~ lifeboat tanker yacht
6. happy delighted pleased ~~nervous~~

Trinkgeld geben wird in Großbritannien zumeist sehr diskret gehandhabt. Die Rechnung wird meistens auf einem kleinen Tablett zum Tisch gebracht und Sie legen Ihr Geld darauf. Die Bedienung holt es ab und kommt mit Ihrem Wechselgeld wieder. Sie entscheiden, wie viel Sie liegen lassen.
In den USA ist das Trinkgeld wichtiger Bestandteil des Verdienstes einer Servicekraft. Wenn Sie kein Trinkgeld geben, müssen Sie damit rechnen, darauf angesprochen zu werden.

AUSBILDUNG

1 Silbenrätsel

pa tant pren in tion train as ap cu ing pro sion sis tice ship fes tern oc

a. ______

b. ______

c. ______

d. ______

e. ______

f. ______

WORTWIRBEL

2

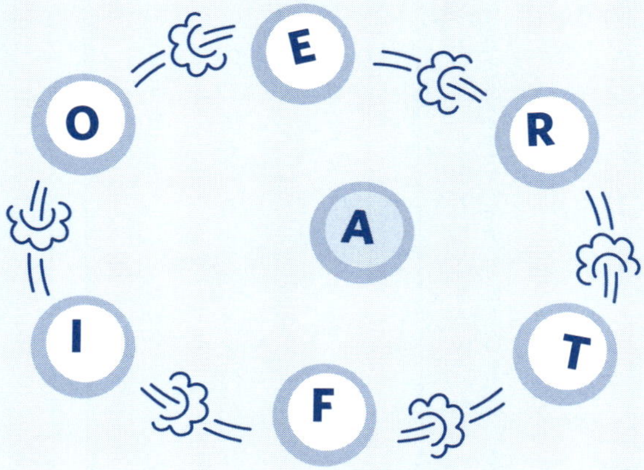

eat, ______

______

______

Gibt es das Wort wirklich? Schauen Sie nach unter **www.pons.eu**!

Lösungen

1 **a.** internship
b. training
c. assistant
d. apprentice
e. profession
f. occupation

Im Bereich Bildung und Arbeit gibt es viele verschiedene Begriffe, die sich manchmal überschneiden. Hier sind einige der Wichtigsten:

education	*Bildung*
apprenticeship	*Ausbildung*
apprentice	*Auszubildende/r*
internship	*Praktikum*
intern	*Praktikant/in*
training	*Schulung, Ausbildung*
trainee	*Auszubildende/r*

2 **Mögliche Lösungen:**
eat (*essen*), fair (*gerecht, hell*), far (*weit*), fare (*Fahrpreis*), fat (*dick*), irate (*wütend*), oar (*Ruder*), oat (*Hafer*), rat (*Ratte*), rate (*Geschwindigkeit, Maß*), ratio (*Verhältnis*), rota (*Liste*), tear (*Träne*), tar (*Teer*), ...

Gefährlich sind Wörter, die sich zwar ähnlich anhören, aber verschieden geschrieben werden und dann auch noch unterschiedliche Bedeutungen haben. Das Wort **fair**, z. B., kann sowohl *gerecht* oder *angemessen* als auch *hell* oder *blond* bedeuten. **A fair** kann *eine Messe* oder *ein Volksfest* sein, und **fare** bedeutet *Fahrpreis*.

I think the teacher made a fair decision.
My girlfriend has fair hair.
We used to go to the fair every year when we were children.
How much is the bus fare?

COMPUTER

1

→	↓
4. Bildschirm	**1.** Nachricht
6. Knopf	**2.** Tastatur
	3. drucken
	5. Netzwerk

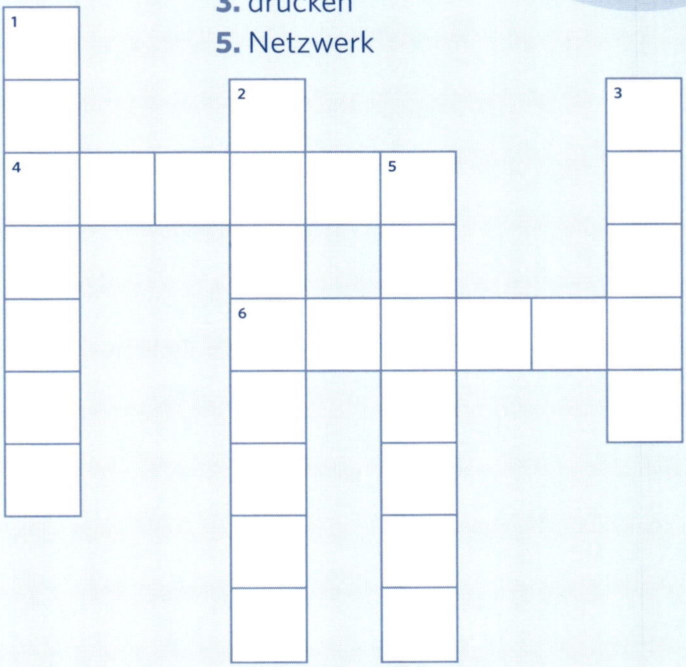

FESTE

2 Anagramm

C	T	E
S	R	O
A	R	H

Do you play an instrument? Yes, I play the trumpet in an _________.

Lösungen

1

1 M								
E			2 K					3 P
4 S	C	R	E	E	5 N			R
S			Y		E			I
A			6 B	U	T	T	O	N
G			O		W			T
E			A		O			
			R		R			
			D		K			

Macht es Ihnen Spaß, mit Rätseln zu lernen? Erfinden Sie selbst welche und testen Sie Ihre Freunde und Kollegen.

2 orchestra

INDUSTRIE

1 Wortpaare

factory	•	Gewerbe
produce	•	Fabrik
steel	•	Stahl
stock	•	herstellen
trade	•	Werkstatt
workshop	•	Vorrat

FESTE

2 Rebus

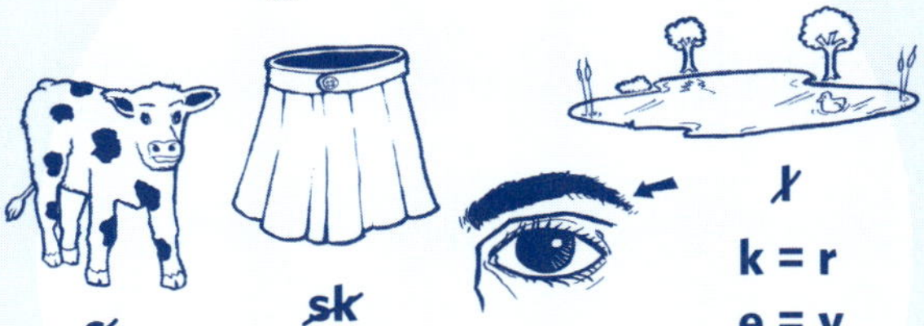

~~c~~
l = n
f = n

~~sk~~
r = v
~~t~~

b = e
o = s
~~w~~

~~l~~
k = r
e = y

Lösungen

1 factory — Fabrik
produce — herstellen
steel — Stahl
stock — Vorrat
trade — Gewerbe
workshop — Werkstatt

Wenn Sie ein neues Wort lernen, achten Sie auch darauf, wie es ausgesprochen wird. Im Englischen kommt es ziemlich oft vor, dass Wörter anders ausgesprochen werden als sie geschrieben werden. Wenn Sie also ein neues Wort lernen, dann überprüfen Sie am besten gleich die Aussprache – unter **www.pons.eu**. Hören Sie sich das Wort an und wiederholen Sie es dreimal.

2 anniversary

Möchten Sie Ihr schriftliches Englisch verbessern? Hier sind zwei Tipps, wie Sie üben können:

- Führen Sie ein kleines Tagebuch auf Englisch. Was haben Sie heute gemacht? Wen haben Sie getroffen? Was haben Sie gegessen? Was haben Sie gearbeitet? Wie fühlen Sie sich? Was haben Sie vor?
- Versuchen Sie, eine/n Brieffreund/in zu finden, mit der/dem Sie englische Briefe oder E-Mails austauschen.

EINES PASST NICHT!

Was fällt hier aus der Reihe?

1. campsite | hostel | motel | warden
2. canal | canyon | ocean | waterfall
3. almond | grape | hazelnut | walnut
4. parrot | pigeon | seagull | squirrel
5. flood | rainstorm | wind | showers
6. horrible | excellent | fantastic | great

Lösungen

1. campsite hostel motel ~~warden~~
2. canal ~~canyon~~ ocean waterfall
3. almond ~~grape~~ hazelnut walnut
4. parrot pigeon seagull ~~squirrel~~
5. flood rainstorm ~~wind~~ showers
6. ~~horrible~~ excellent fantastic great

Neben Hotels gibt es in Großbritannien auch viele so genannte **B&Bs**, also **Bed & Breakfasts**. Sie sind vor allem in den Städten an der Küste zu finden und bieten eine Übernachtungsmöglichkeit mit Frühstück an. Nächstes Mal, wenn Sie nach Großbritannien fahren, können Sie ja mal ein **B&B** ausprobieren!

AUSSEHEN

1 Silbenrätsel

ful **le** **tive** **at** **youth** **hand** **trac** **natu** **hair** **style** **ral** **some** **freck**

a. ______

b. ______

c. ______

d. ______

e. ______

f. ______

WORTWIRBEL

2

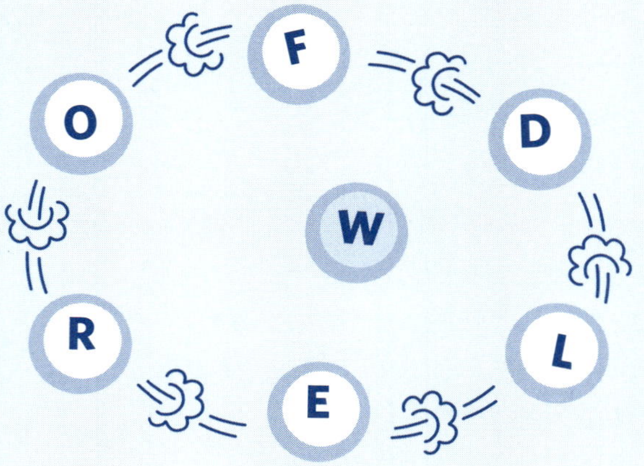

______

______

______

Gibt es das Wort wirklich? Schauen Sie nach unter **www.pons.eu**!

Lösungen

1 **a.** hairstyle
b. handsome
c. attractive
d. natural
e. youthful
f. freckle

Wenn Sie jemanden schön finden, gibt es im Englischen viele Wörter, um dies auszudrücken.
Bei Männer: **He's so dishy/dreamy/good-looking/handsome/hunky/spunky/...**
Bei Frauen: **She's so beautiful/fit/gorgeous/hot/pretty/stunning/...**
Es gibt jedoch kleine, aber feine Unterschiede – um peinliche Situationen zu vermeiden, ist es deshalb ratsam, Wörter zuerst unter **www.pons.eu** nachzuschlagen.

2 **Mögliche Lösungen:**
we (*wir*), owl (*Eule*), row (*rudern, Reihe, Streit*), owe (*schulden*), dew (*Tau*), lewd (*obszön, unanständig*), word (*Wort*), flow (*Fluss, Strom, fließen*), fowl (*Geflügel*), world (*Welt*), lower (*niedriger, untere(r, s), senken*), flower (*Blume, blühen*), ...

Anagramm Visitenkarte

joyful of hurt

1. is a big celebration in the USA.

candy needed pine

2. It is also known as .

saving knight

3. My favourite holiday is .

Lösungen

1. Fourth of July
2. Independence Day
3. Thanksgiving

Fourth of July ist der so genannte **Independence Day** (*Unabhängigkeitstag*), der in den USA seit dem 4. Juli 1776 gefeiert wird. An diesem Tag erlangten die 13 britischen Kolonien ihre Unabhängigkeit von Großbritannien.

Thanksgiving (*Danksagung*) wird in den USA am vierten Donnerstag im November gefeiert. Es ist das wichtigste Familienfest des Jahres und endet traditionell mit einem großen Abendessen, bei dem der **turkey** (*Truthahn*) nicht fehlen darf.

UMWELT

Was fehlt hier?

1. What can we do to protect the e _ v _ _ _ _ _ _ _ _ ?
2. P _ _ _ _ _ i _ _ is a danger to the health of our planet.
3. The company where I work is very environmentally f _ _ _ _ d _ _ .
4. Above all, the environment is a p _ _ _ _ _ c _ _ question.
5. We need newer, g _ _ _ n _ _ technologies.
6. Everyone can do something to p _ _ t _ _ _ the environment!

ERDKUNDE

7. Silbenrätsel

sia Ger Cana Aus Rus zer ma tria da Swit ny tralia Aus land

a. ______________________

b. ______________________

c. ______________________

d. ______________________

e. ______________________

f. ______________________

Lösungen

1. environment
2. pollution
3. friendly
4. political
5. greener
6. protect
7. **a.** Canada
   b. Australia
   c. Austria
   d. Germany
   e. Russia
   f. Switzerland

FESTTAGE

Anagramm Visitenkarte

clan USA sat

1 I saw mummy kissing ○○○○○ ○○○○○ underneath the mistletoe!

2 Is there really such a thing as the ○○○○○○ bunny?

teaser

wheel loan

3 All the ghosts and ghouls come out on ○○○○○○○○○.

4 Shall we decorate the ○○○○○○○○○ ○○○○?

creams hitters

repents

5 Did you get her a birthday ○○○○○○○?

ravens rainy

6 Damn! I forgot it was our ○○○○○○○○○○○ - again!

Lösungen

1. Santa Claus
2. Easter
3. Halloween
4. Christmas tree
5. present
6. anniversary

In der englischen Sprache spielt die Betonung eine große Rolle. Oft ändert sich durch eine andere Betonung auch die Bedeutung eines Wortes. Betont man zum Beispiel ***present*** auf der ersten Silbe, heißt es entweder ‚Geschenk' oder ‚anwesend'. Bei Betonung auf der zweiten Silbe handelt es sich jedoch um das Verb ***to present***, also ‚vorstellen' oder ‚präsentieren'.

Jones? – 'Present, sir!
Which 'present did you like best?
And now, Ladies and Gentlemen, I pre'sent to you ...

EINES PASST NICHT!

Was fällt hier aus der Reihe?

1	angry	furious	pleased	upset
2	unsure	certain	sure	positive
3	think	drive	consider	believe
4	run	walk	ride	sprint
5	sight	hair	smell	hearing
6	knee	elbow	shoulder	fingernail

Lösungen

1. angry furious ~~pleased~~ upset
2. ~~unsure~~ certain sure positive
3. think ~~drive~~ consider believe
4. run walk ~~ride~~ sprint
5. sight ~~hair~~ smell hearing
6. knee elbow shoulder ~~fingernail~~

KULTUR

Logisch?

1 book : library =

painting :

2 film : cinema =

play :

3 television : camera =

radio :

4 drawing : painting =

short story :

5 Cannes : Palme d'Or =

Hollywood :

6 **Ausgesprochen** anders!

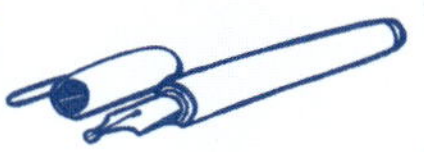

7 **Ausgesprochen** anders!

Lösungen

1. gallery
2. theatre
3. microphone
4. novel
5. Oscar

Im Deutschen *inszenieren* Regisseure Theaterstücke, bei Filmen *führen* sie jedoch *Regie*. Im Englischen gibt es für diese Tätigkeit nur ein Wort, nämlich ***to direct: He directed Macbeth at the National Theatre last year*** oder ***She directed that action film with the famous kung-fu stuntman.***

Bei einem Schauspieler oder einer Schauspielerin wird ebenfalls nicht unterschieden, ob er oder sie beim Film oder am Theater arbeitet – es handelt sich immer um einen ***actor*** bzw. eine ***actress***. Ein Haupt- oder Nebendarsteller ist dann ein ***leading actor*** beziehungsweise ein ***supporting actor***.

6. Zwar beginnen alle vier Wörter mit einem ***p***, im Gegensatz zu ***pen***, ***plant*** und ***piano***, die mit [p] ausgesprochen werden, spricht man ***photo*** jedoch mit [f] aus.

7. Das Wort ***cow*** passt hier nicht in die Reihe, da es als einziges mit [aʊ] ausgesprochen wird. ***Glue***, ***shoe*** und ***newspaper*** dagegen spricht man mit langem Vokal [uː] aus.

GELD

Finden Sie die passenden Wörter im Buchstabengitter!

B	B	F	R	A	N	N	S	Q
E	A	R	O	P	S	K	S	G
D	A	N	C	O	I	N	S	L
O	N	O	K	U	K	C	N	X
L	C	H	I	N	K	E	N	U
L	A	G	C	D	O	N	D	A
A	N	E	V	R	O	T	Y	Z
R	N	E	U	R	O	S	E	F
Y	P	W	I	L	Z	B	N	S

Lösungen

 — banknotes

 — cent

 — euro

 — coins

 — pound

 — dollar

B	B	F	R	A	N	N	S	Q
E	A	R	O	P	S	K	S	G
D	A	N	C	O	I	N	S	L
O	N	O	K	U	K	C	N	X
L	C	H	I	N	K	E	N	U
L	A	G	C	D	O	N	D	A
A	N	E	V	R	O	T	Y	Z
R	N	E	U	R	O	S	E	F
Y	P	W	I	L	Z	B	N	S

In Großbritannien und den USA gibt man Geldsummen und Preise etwas anders an als in Deutschland. Während man hierzulande neben 99,90 € auch häufig die Abkürzung EUR verwendet (= EUR 99,90), benutzt man im englischsprachigen Raum für die einheimischen Währungen nur Symbole, die darüber hinaus *vor* der Summe stehen: £99.99 oder $99.99. Eurosummen werden dort in ‚euros' angegeben.

Bitte beachten Sie auch, dass im Englischen für Dezimalzahlen ein Punkt und kein Komma verwendet wird: 1,90 € vs. £1.90.

LUFTFAHRT

1

↓
1. Flughafen
2. Boeing 747 (Teil 1)
3. Start, Abflug
5. Landungen (Pl.)
6. Motoren (Pl.)

→
1. Flugroute
2. Boeing 747 (Teil 2)
4. Flugzeug
7. Piloten (Pl.)

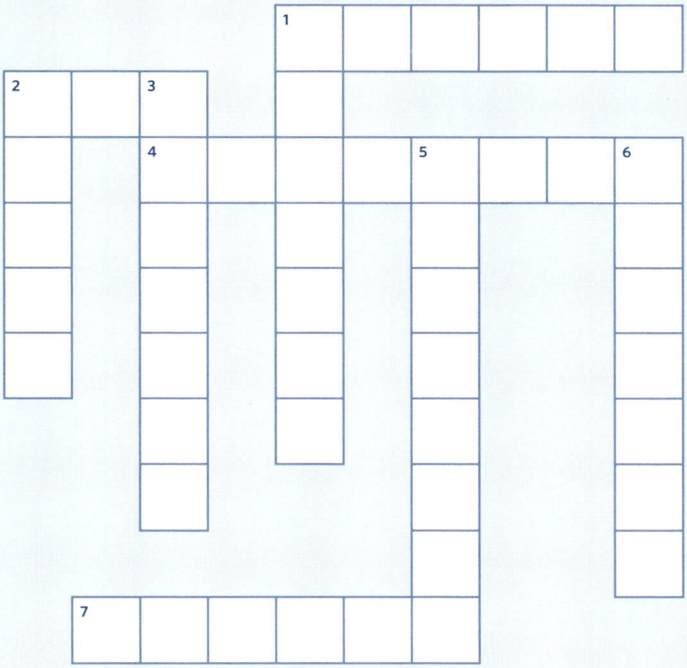

FESTE

2 Rebus

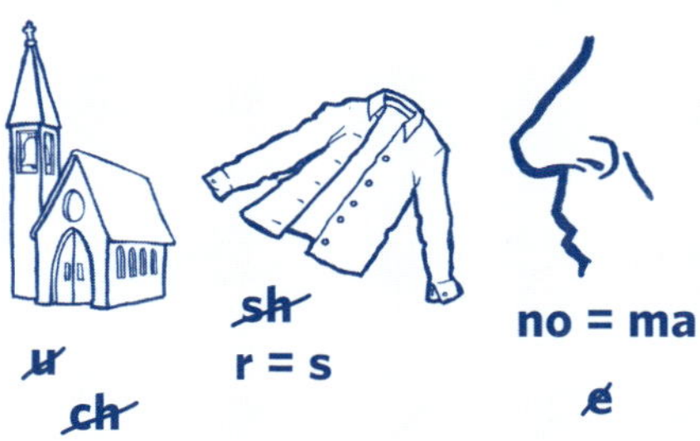

Lösungen

1

				[1]A	I	R	W	A	Y
[2]J	E	[3]T		I					
U		[4]A	I	R	P	[5]L	A	N	[6]E
M		K		P		A			N
B		E		O		N			G
O		O		R		D			I
		F		T		I			N
		F				N			E
						G			S
	[7]P	I	L	O	T	S			

2 Christmas

NOTFALL

❶ Anagramm mit Wortgitter

A	U	N
I	E	N
C	S	R

How ever are you going to pay for the damage?

Don't worry, I have accident

_________ !

Was fehlt hier?

COMPUTER

❷ Tell me, where is the @-sign on this

k_______ ?

❸ You forgot to turn the m_______
on – that's why you can't see anything!

❹ This machine is so slow; I think I'm running out of

m_____ .

❺ Can you s____ me the documents
by e-mail?

❻ You'll need to download and

i______ the software first.

❼ These new tablet computers are so

user-f_______ !

Lösungen

1. insurance
2. keyboard
3. monitor
4. memory
5. send
6. install
7. friendly

Durch das Internet und die neuen Medien sind viele neue Begriffe entstanden. Nicht immer ist jedoch klar, wie diese Wörter eigentlich geschrieben werden. Auch im Englischen stößt man auf diese Probleme: Schreibt man E-Mail auf Englisch nun ***e-mail*** oder ***email***? Ist es ***the internet*** oder ***the Internet***? Sagen wir ***one mouse/two mouses*** oder doch ***one mouse/two mice***? Tatsächlich ist es in diesen Fällen – wie auch in etlichen weiteren – schlichtweg Geschmacksache!

GEGENSÄTZE

1 Wortpaare

open	go
turn off	find
laugh	close
lose	whisper
come	cry
shout	turn on

IN DER NATUR

2 Silbenrätsel

moun try scape wild life for mead est ow tain coun land

a. ______________________

b. ______________________

c. ______________________

d. ______________________

e. ______________________

f. ______________________

Lösungen

1. | | | |
|---|---|---|
| open | — | close |
| turn off | — | turn on |
| laugh | — | cry |
| lose | — | find |
| come | — | go |
| shout | — | whisper |

2. a. meadow
b. mountain
c. landscape
d. country
e. forest
f. wildlife

FARBEN

Logisch?

1. sea : blue =
grass :

2. egg white : white =
egg yolk :

3. envy : green =
anger :

4. wood : brown =
metal :

5. blood : red =
teeth :

6. roses : red =
violets :

7. Rebus

Lösungen

1. green
2. yellow
3. red
4. grey
5. white
6. blue
7. colourful

Roses are red, violets are blue, sugar is sweet, and so are you ist eines der bekanntesten Volksgedichte der englischen Sprache. Vor allem Kinder freuen sich, wenn sie diese Textzeilen meistern – und dann entfremden können – etwa so: ***Roses are red, violets are blue, cashews are nuts, and so are you!*** (Hier handelt es sich um ein Wortspiel zu ***nuts***: Neben ‚Nüsse' bedeutet ***nuts*** nämlich auch noch ‚verrückt' oder ‚durchgedreht'.)

EINES PASST NICHT!

Was fällt hier aus der Reihe?

1	London	Texas	Ottawa	Washing-ton D. C.
2	California	Michigan	Alabama	Essex
3	Panama	Thames	Mississippi	Hudson
4	Munich	Cologne	Nuremburg	Berlin
5	Atlantic	Caspian Sea	Pacific	Indian Ocean
6	Saxony	Rhineland	Alsace	Bavaria

Lösungen

1. London ~~Texas~~ Ottawa Washington D. C.
2. California Michigan Alabama ~~Essex~~
3. ~~Panama~~ Thames Mississippi Hudson
4. Munich Cologne Nuremburg ~~Berlin~~
5. Atlantic ~~Caspian Sea~~ Pacific Indian Ocean
6. Saxony Rhineland ~~Alsace~~ Bavaria

Viele ältere deutsche Städte und Regionen, aber auch Flüsse oder Buchten heißen auf Englisch anders als auf Deutsch: München wird zu ***Munich***, Köln zu ***Cologne***, die Donau zur ***Danube***. Namen, die sich jedoch auch auf Englisch gut aussprechen lassen, wurden wiederum übernommen, so etwa ***Berlin*** oder auch ***Hamburg***.
Einige englische Eigennamen geraten zunehmend in Vergessenheit, zum Beispiel ***Brunswick*** für Braunschweig oder ***Coblence*** für Koblenz. Doch Vorsicht! ‚Hannover' heißt auf Englisch noch immer ***Hanover*** – mit nur einem ***n***!

Anagramm Visitenkarte

fact fir

1 The ○○○○○○○ light just changed to green.

2 Damn, this ○○○○○○○○ wheel is really difficult to turn.

integers

oats wormy

3 I try to avoid the ○○○○○○○○○ if I can – too fast for me!

4 **Ausgesprochen** anders!

5 **Ausgesprochen** anders!

Lösungen

1. traffic
2. steering
3. motorways
4. Das Wort ***clock*** fällt hier aus der Reihe: ***Road***, ***rose*** und ***snow*** werden mit [əʊ] ausgesprochen, ***clock*** jedoch mit [ɒ].
5. Hier geht es um die Aussprache des Buchstabens ***g***: In ***glue***, ***eagle*** und ***sugar*** wird er „hart" ausgesprochen ([g]), in ***stage*** jedoch „weich" ([ʤ]).

ALLTÄGLICHES

1 Anagramm mit Wortgitter

A	G	A
G	R	I
N	N	R

Thanks so much for ………… the party! You were a great help!

IN DER SCHULE

2

P	I	C	U	F	R	E	N	C	H
A	G	H	I	B	A	E	Y	W	T
R	E	E	N	G	L	I	S	H	O
H	R	M	O	B	P	F	R	B	H
E	M	I	R	G	N	C	T	O	I
M	A	S	P	H	Y	S	I	C	S
A	N	T	P	T	R	A	E	N	T
T	D	R	A	M	A	R	P	M	O
H	P	Y	I	A	E	A	T	H	R
S	A	U	B	I	O	L	O	G	Y

Haben Sie alle neun Schulfächer gefunden, die sich hier im Buchstabengitter versteckt haben?

Lösungen

1 arranging

2

P	I	C	U	F	R	E	N	C	H
A	G	H	I	B	A	E	Y	W	T
R	E	E	N	G	L	I	S	H	O
H	R	M	O	B	P	F	R	B	H
E	M	I	R	G	N	C	T	O	I
M	A	S	P	H	Y	S	I	C	S
A	N	T	P	T	R	A	E	N	T
T	D	R	A	M	A	R	P	M	O
H	P	Y	I	A	E	A	T	H	R
S	A	U	B	I	O	L	O	G	Y

MATHEMATIK

1 Wortpaare

- minus
- cubed
- times
- squared
- divided
- plus

2

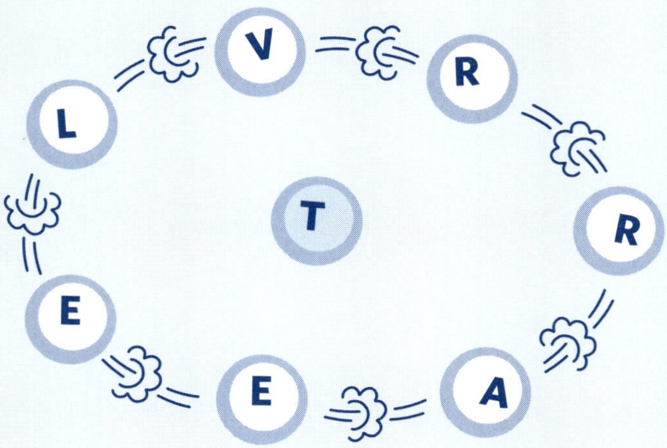

WORTWIRBEL

Gibt es das Wort wirklich? Schauen Sie nach unter **www.pons.eu**!

Lösungen

1. x^2 — squared
   $-$ — minus
   % — divided
   x^3 — cubed
   $+$ — plus
   $\times$ — times

2. **Mögliche Lösungen:**
   TV (*Fernsehen, Fernseher*), tar (*Teer*), vat (*Fass*), tear (*Träne, (zer)reißen*), tale (*Erzählung, Märchen*), tree (*Baum*), rate (*Rate, Satz, Geschwindigkeit*), later (*später*), travel (*reisen, Reise-*)

ESSEN & TRINKEN

Was fehlt hier?

1. I need a s _ _ _ _ for this soup.
2. Put the cutlery next to the p _ _ _ _, please.
3. I think we've run out of paper s _ _ _ _ _ _ _ _.
4. Oh how clumsy! I'm sorry, I've broken your lovely wine g _ _ _ _!
5. He's still too young for metal c _ _ _ _ _ _ at the moment.
6. Would you mind passing me the p _ _ _ _ _ mill, please?

HERKUNFT

7. Anagramm mit Wortgitter

R	I	A
C	E	M
S	N	A

Are those people over there from England?

No, they're _ _ _ _ _ _ _ _ _.

Lösungen

1. spoon
2. plate
3. serviettes
4. glass
5. cutlery
6. pepper

Müslischüsseln bezeichnet man auch in Amerika und Großbritannien als ***cereal bowls***. Nach ‚Frühstücksbrettern' sucht man dort dagegen vergeblich, denn das übliche deutsche Frühstück, bestehend aus Brötchen, Käse, Wurst oder Marmelade, ist im englischsprachigen Raum eher unüblich.

7. Americans

Anagramm Visitenkarte

cab proud

1 Have you checked the ________ under the stairs?

2 Oh no, the ________ machine is leaking!

gash win

ming swim loop

3 The place has even got a ________ ________!

4 Does the apartment complex have an ________?

over late

lap rep law

5 I can't stand this floral pattern ________!

catered roe

6 We are going to have to ________ this place soon.

Lösungen

1. cupboard
2. washing
3. swimming pool
4. elevator
5. wallpaper
6. redecorate

Im britischen und amerikanischen Englisch werden zum Teil unterschiedliche Wörter benutzt, so z. B. für das Wort ‚Aufzug': Der heißt in Großbritannien ***lift***, in den USA dagegen ***elevator***. In Großbritannien werden Wohnungen meistens ***flats*** genannt, in den USA spricht man von ***apartments***.
Auch im Haushalt gibt es Unterschiede: In Großbritannien trocknet man in der Küche mit einem ***tea towel*** ab, in den USA dagegen mit einem ***dish towel***. ‚Spülen' nennt man im amerikanischen Englisch ***to do the dishes***, im britischen Englisch jedoch ***to wash up***. Vorsicht! Für amerikanische Sprecher heißt ***to wash up*** wiederum ‚sich die Hände vor dem Essen waschen'.

EINES PASST NICHT!

Was fällt hier aus der Reihe?

1	fine	great	okay	wait
2	sick	well	poorly	ill
3	happy	cheerful	saddened	joyful
4	quiet	deafening	loud	noisy
5	boil	roast	fry	chill
6	soak	drench	dry	drown

Lösungen

1. fine great okay ~~wait~~
2. sick ~~well~~ poorly ill
3. happy cheerful ~~saddened~~ joyful
4. ~~quiet~~ deafening loud noisy
5. boil roast fry ~~chill~~
6. soak drench ~~dry~~ drown

ZEITANGABEN

Logisch?

1 the day after : tomorrow =
the day before :

2 last week : the week before =
next week :

3 an hour : sixty minutes =
a minute : **sixty**

4 fifteen : quarter =
thirty :

5 100 : century =
10 :

KULTUR

6 Silbenrätsel

lery **si** **con** **paint** **ist** **ing** **gal** **mu** **art** **mu** **seum** **cert** **cian**

a. ______

b. ______

c. ______

d. ______

e. ______

f. ______

Lösungen

1. yesterday
2. the week after
3. seconds
4. half
5. decade
6. **a.** painting
   b. artist
   c. musician
   d. concert
   e. gallery
   f. museum

VERKEHRSMITTEL

?

1 Wortpaare

to buy	•	left
to ride	•	the road
to wait at	•	a bike
to board	•	the bus stop
to cross	•	a plane
to turn	•	a ticket

2

SPORT

T	R	E	C	K	T	F	N	P	B
S	A	S	F	E	P	O	L	O	A
S	W	W	S	R	L	O	M	O	S
C	R	I	C	K	E	T	H	L	K
U	O	M	M	Y	N	B	S	E	E
R	W	M	R	D	D	A	R	D	T
L	I	I	P	A	I	L	E	I	B
I	N	N	W	R	R	L	R	C	A
N	G	G	I	T	E	A	I	I	L
G	T	B	A	S	E	B	A	L	L

In dem Buchstabengitter sind zehn Sportarten versteckt. Können Sie alle finden?

Lösungen

1

to buy	—	a ticket
to ride	—	a bike
to wait at	—	the bus stop
to board	—	a plane
to cross	—	the road
to turn	—	left

2

T	R	E	C	K	T	F	N	P	B
S	A	S	F	E	P	O	L	O	A
S	W	W	S	R	L	O	M	O	S
C	R	I	C	K	E	T	H	L	K
U	O	M	M	Y	N	B	S	E	E
R	W	M	R	D	D	A	R	D	T
L	I	I	P	A	I	L	E	I	B
I	N	N	W	R	R	L	R	C	A
N	G	G	I	T	E	A	I	I	L
G	T	B	A	S	E	B	A	L	L

AM HAFEN

→

3. Container
4. Hafen
5. Bucht
7. Kap
8. Lotsenboot

↓

1. Anker
2. Trockendock
3. Frachtschiff
4. Flut
6. Jachten (Pl.)

Lösungen

								1 A		2 D
		3 C	O	N	T	A	I	N	E	R
		A						C		Y
4 H	A	R	B	O	U	R		H		D
I		G						O		O
G		O		5 B	A	6 Y		R		C
H		S				A				K
T		H				7 C	A	P	E	
I		I				H				
D		8 P	I	L	O	T	B	O	A	T
E						S				

Was fehlt hier?

1. I love to walk b _ _ _ f _ _ _ in the sand!
2. It's such a beautiful day – shall we go for a w _ _ _ ?
3. Look at that hill! We've got a hard c _ _ _ b ahead of us.
4. I love riding my m _ _ _ _ _ _ _ b _ _ _ !
5. When I'm near a lake, I always try to go s _ _ m _ _ _ _ .
6. This snow is just perfect for s _ _ _ _ _ !

7. Rebus

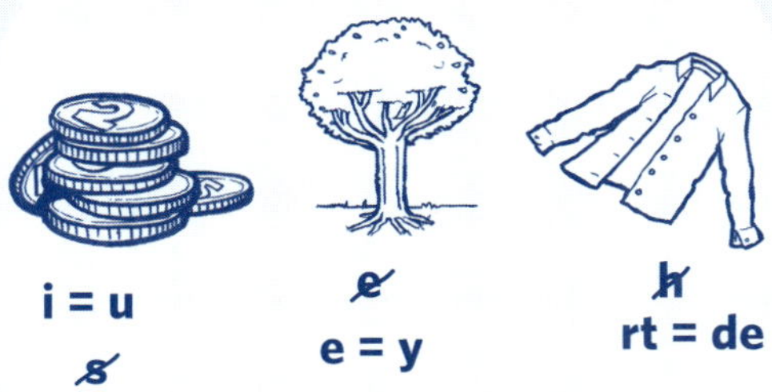

Lösungen

1. barefoot
2. walk
3. climb
4. mountain bike
5. swimming
6. skiing
7. countryside

County und ***country*** werden zwar ähnlich geschrieben, aber ganz anders ausgesprochen: ***County*** enthält denselben Laut wie ***cow*** ([aʊ]), ***country*** dagegen spricht man wie ***hunt*** ([ʌ]) aus. Ersteres bedeutet ‚Grafschaft' (UK) bzw. ‚Verwaltungsbezirk' (USA), Letzteres hingegen ‚Land': ***North Yorkshire is England's largest county by area.*** vs. ***Germany is a country. Countryside*** bezieht sich auf das ‚Land' im Sinne von ‚Landschaft': ***Oh, what lovely countryside!***

?

1 Silbenrätsel

lor mo cle ry lay- er me driv tor hi ic way ve by chan

a. ______________________

b. ______________________

c. ______________________

d. ______________________

e. ______________________

f. ______________________

2 Anagramm mit Wortgitter

Alltägliches

E	S	I
T	S	I
F	A	D

I'm afraid I'm not ______________
with that explanation.

Lösungen

1. a. vehicle
   b. motorway
   c. lorry
   d. driver
   e. mechanic
   f. lay-by

2. satisfied

Aufgepasst!

Wie so oft im Englischen ist die Wortbildung auch bei ***satisfied*** (‚zufrieden') nicht ganz einfach. So heißt ‚unzufrieden' weder ***unsatisfied*** noch ***desatisfied***, sondern ***dissatisfied***!

IM GARTEN

Anagramm Visitenkarte

hone use reg

1 Putting my tomatoes in the __________ was a good move.

2 What lovely, colourful __________ you've got!

blower feds

rage rend

3 I can't manage all of it on my own – I need a ________ !

BILDUNG

4 Wortpaare

Grundschule	**high school**
Universität	**primary school**
Gymnasium, Oberschule	**nursery school**
Kindergarten	**training course**
Lehre	**university**
Fortbildung	**apprenticeship**

Lösungen

1. greenhouse
2. flowerbeds
3. gardener

In den angelsächsischen Ländern ist es ein weit verbreiteter Traum, ein Eigenheim mit Garten zu besitzen. **Gardening** zählt so zu den Lieblingshobbys vor allem der Engländer. Das wöchentliche Rasenmähen (**mowing the lawn**) und Heckenschneiden (**trimming the hedge**) wird darüber hinaus für Plaudereien mit dem Nachbarn genutzt.

4. Grundschule — primary school
   Universität — university
   Gymnasium, Oberschule — high school
   Kindergarten — nursery school
   Lehre — apprenticeship
   Fortbildung — training course

GESCHICHTE

Logisch?

1 Victorian era : Queen Victoria =
Elizabethan era :

2 antiquity : ancient =
middle ages :

3 Athens : Greeks =
Rome :

4 republic : president =
monarchy :

5 history : historian =
archaeology :

6 **Ausgesprochen** anders!

7 **Ausgesprochen** anders!

Lösungen

1. Queen Elizabeth I
2. medieval
3. Romans
4. king/queen
5. archaeologist
6. Auch wenn alle Wörter mit ***ow*** geschrieben werden, spricht man sie nicht alle gleich aus. ***Bow***, ***wheelbarrow*** und ***snow*** werden mit [əʊ] gesprochen, ***cow*** dagegen mit [aʊ].
7. ***Plane***, ***bus*** und ***train*** sind einsilbig, ***motorbike*** dagegen dreisilbig.

EINES PASST NICHT!

Was fällt hier aus der Reihe?

1	sausages	bacon	aubergines	mince
2	beer	juice	wine	whisky
3	cod	haddock	tuna	beef
4	chips	crisps	breadsticks	fries
5	wheat	carrot	rye	barley
6	spicy	salty	sweet	honey

Lösungen

1. sausages bacon ~~aubergines~~ mince
2. beer ~~juice~~ wine whisky
3. cod haddock tuna ~~beef~~
4. chips crisps ~~breadsticks~~ fries
5. wheat ~~carrot~~ rye barley
6. spicy salty sweet ~~honey~~

GEFÜHLE

1

D	R	G	A	N	G	R	Y	P
E	E	P	F	E	P	O	L	C
L	R	P	C	K	E	F	M	O
I	O	A	R	Y	U	T	H	N
G	W	E	K	E	P	Z	E	F
H	A	P	P	Y	S	A	D	U
T	N	E	R	V	E	S	O	S
E	G	G	I	T	T	L	E	E
D	G	P	L	E	A	S	E	D

In dem Buchstabengitter sind acht Gefühle versteckt. Haben Sie alle gefunden?

WORTWIRBEL

2

Gibt es das Wort wirklich? Schauen Sie nach unter **www.pons.eu**!

Lösungen

1

D	R	G	A	N	G	R	Y	P
E	E	P	F	E	P	O	L	C
L	R	P	C	K	E	F	M	O
I	O	A	R	Y	U	T	H	N
G	W	E	K	E	P	Z	E	F
H	A	P	P	Y	S	A	D	U
T	N	E	R	V	E	S	O	S
E	G	G	I	T	T	L	E	E
D	G	P	L	E	A	S	E	D

2 **Mögliche Lösungen:**

on (*an, auf*), no (*nein, kein/e*), to (*nach, zu*), one (*eins, ein/e*), roe (*Rogen*), note (*Notiz, notieren*), hone (*verfeinern, schleifen*), tone (*Ton*), rota (*Liste, Plan*), hoar (*Raureif*), iron (*Eisen, bügeln*), rhino (*Nashorn*), ornate (*verziert, prunkvoll*), Orient (*Orient*), another (*noch eine/r, ein/e andere/r*), oar (*Ruder*), ...

➜

3. Spanisch
6. Holländisch
7. Estnisch

↓

1. Katalanisch
2. Portugiesisch
3. Schwedisch
4. Ungarisch
5. Italienisch

Lösungen

						1 C				
	2 P			3 S	P	A	N	I	S	4 H
	O			W		T				U
	R			E		A				N
	T			D		L		5 I		G
	U			I		A		T		A
	G			S		N		A		R
6 D	U	T	C	H				L		I
	E							I		A
	S							A		N
	7 E	S	T	O	N	I	A	N		

ESSEN & TRINKEN

Was fehlt hier?

1. How s _ _ _ _ _ do you take your coffee ?
2. Sugar? Yes, two s _ _ _ _ _, please.
3. I'm afraid I've only got i _ _ _ _ _ _ coffee.
4. Do you mind s _ _ _ _ _ _ milk? I don't have full fat.
5. What a cute little t _ _ _ _ _ you've got!
6. I'd love a cup of h _ _ _ _ _ tea, if you've got any.

ALLTÄGLICHES

7. Anagramm mit Wortgitter

U	C	I
L	F	T
D	I	F

How was the exam, then?

Rather _ _ _ _ _ _ _ _ _, I'm afraid!

Lösungen

1. strong
2. spoons
3. instant
4. skimmed
5. teapot
6. herbal

Tee wird in Großbritannien bekanntlich gerne getrunken. Gerade bei diesem Nationalgetränk gibt es jedoch gravierende Klassenunterschiede. Vornehme Leute nehmen ihren Tee höchstens lauwarm, sehr schwach und mit viel Milch zu sich. Zucker ist tabu. Am anderen Ende der Skala steht der ***builder's tea***, der ziegelrot und kochend heiß daherkommt und bei dem Zucker nicht fehlen darf.

7. difficult

UNTERWEGS

Anagramm Visitenkarte

kit sect

1 I'd like two

to London, please.

2 It looks like we're going to be

.

eyed lad

veal gin

3 What time are you

tomorrow?

MUSIK

2 Silbenrätsel

cert **si** **ser** **or** **dio** **cian** **ence** **stu** **ches** **mu** **po** **com** **con** **audi** **tra**

a. ____________________

b. ____________________

c. ____________________

d. ____________________

e. ____________________

f. ____________________

Lösungen

1. tickets
2. delayed
3. leaving
4. **a.** concert
   b. musician
   c. audience
   d. composer
   e. orchestra
   f. studio

GEGENSÄTZE

1 Wortpaare

full	easy
freezing	found
lost	expensive
complex	empty
difficult	simple
cheap	boiling

2 Silbenrätsel

geht po sage der crisp spa toes cake loin ti sau ta pan bread ten

a. ______________________

b. ______________________

c. ______________________

d. ______________________

e. ______________________

f. ______________________

ESSEN & TRINKEN

Lösungen

1. | | | |
|---|---|---|
| full | — | empty |
| freezing | — | boiling |
| lost | — | found |
| complex | — | simple |
| difficult | — | easy |
| cheap | — | expensive |

2. **a.** spaghetti
b. sausage
c. pancake
d. crispbread
e. tenderloin
f. potatoes

EINES PASST NICHT!

Was fällt hier aus der Reihe?

1	worst	lowest	highest	test
2	better	soft	worse	poorer
3	rich	wealthy	well-off	bored
4	church	book	chapel	cathedral
5	Christian	Muslim	European	Jewish
6	shop	store	outlet	station

Lösungen

1. worst lowest highest ~~test~~
2. better ~~soft~~ worse poorer
3. rich wealthy well-off ~~bored~~
4. church ~~book~~ chapel cathedral
5. Christian Muslim ~~European~~ Jewish
6. shop store outlet ~~station~~

Logisch?

1. foot : sock =
   hand :

2. earring : ear =
   ring :

3. shirt : sleeve =
   trouser :

4. belt : buckle =
   shoe :

5. hand : bag =
   back :

6. **Ausgesprochen** anders!

7. **Ausgesprochen** anders!

Lösungen

1. glove
2. finger
3. leg
4. laces
5. (back)pack/rucksack
6. Bei diesen Instrumenten fällt ***drums*** aus der Reihe, da es als einziges Wort einsilbig ist. ***Guitar***, ***trumpet*** und ***piano*** dagegen sind zweisilbig.
7. In den Wörtern ***earth***, ***teeth*** und ***bath*** handelt es sich bei ‚th' um einen stimmlosen th-Laut [θ]. Bei ***mother*** wird ‚th' dagegen stimmhaft ausgesprochen [ð].

1 Buchstabengitter

M	C	K	L	I	L	I	E	S
A	A	Y	N	B	S	O	L	C
R	O	G	D	A	V	F	M	L
I	R	A	N	R	I	T	H	E
G	C	R	O	O	O	Z	E	M
O	H	T	E	S	L	A	D	A
L	I	T	A	E	E	I	C	T
D	D	A	W	S	T	Y	A	I
S	S	P	A	N	S	I	E	S

Haben Sie alle acht Blumen gefunden, die hier im Buchstabengitter versteckt sind?

2

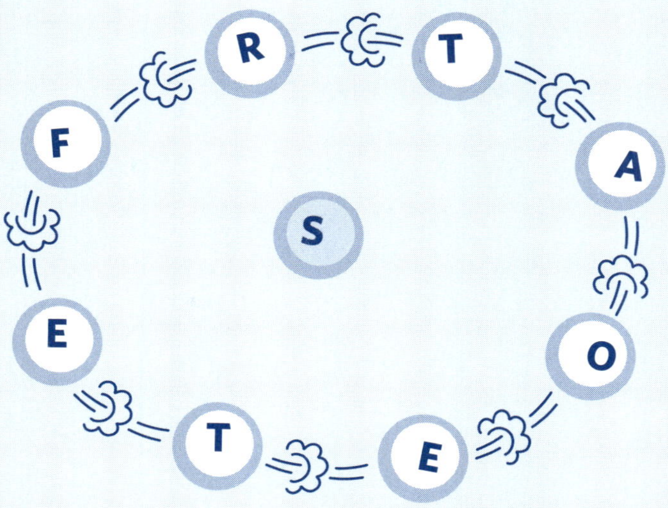

Gibt es das Wort wirklich? Schauen Sie nach unter **www.pons.eu**!

Lösungen

1

M	C	K	L	I	L	I	E	S
A	A	Y	N	B	S	O	L	C
R	O	G	D	A	V	F	M	L
I	R	A	N	R	I	T	H	E
G	C	R	O	O	O	Z	E	M
O	H	T	E	S	L	A	D	A
L	I	T	A	E	E	I	C	T
D	D	A	W	S	T	Y	A	I
S	S	P	A	N	S	I	E	S

2 **Mögliche Lösungen:**

so (*so*), sat (*Vergangenheit von sit - sitzen*), soar (*in die Höhe schnellen*), rest (*Pause, Erholung, ruhen*), soft (*sanft, weich*), sort (*Art, Sorte, sortieren*), taste (*Geschmack, probieren*), frost (*Frost*), safe(r) (*sicher(er)*), forest (*Wald*), roast (*rösten, braten, Braten*), sofa (*Sofa*), ...

POLITIK

→

2. Politik
4. Demokratie
6. Minister
7. Senat
9. Subventionen (Pl.)

↓

1. vom Präsidenten, Präsidenten-
2. Parlament
3. Wähler (Pl.)
5. Regierungen (Pl.)
8. Steuern (Pl.)

Lösungen

	1 P				2 P	O	L	I	T	I	C	S
	R		3 V		A							
4 D	E	M	O	C	R	A	C	Y				5 G
	S		T		L							O
	I		E		I							V
	D		R		A							E
	E		S		6 M	I	N	I	S	T	E	R
	N				E							N
	T		7 S	E	N	A	8 T	E				M
	I				T		A					E
	A						X					N
	L						E					T
				9 S	U	B	S	I	D	I	E	S

Anagramm Visitenkarte

teak off

1. I always get really nervous just before _ _ _ _ - _ _ _ .

2. You haven't forgotten your _ _ _ _ _ _ _ _ , have you?

rap stops

feed yurt

3. Do you know if there's a _ _ _ _ - _ _ _ _ shop at the airport?

fatten light stand

4. Stewardesses are called _ _ _ _ _ _ _ _ _ _ _ _ _ _ _ nowadays.

bad groin

5. What time does _ _ _ _ _ _ _ _ start, then?

club tenure

6. Ladies and gentlemen, we are experiencing some _ _ _ _ _ _ _ _ _ _ .

Lösungen

1. take-off
2. passport
3. duty-free
4. flight attendants
5. boarding
6. turbulence

WORTWIRBEL

1

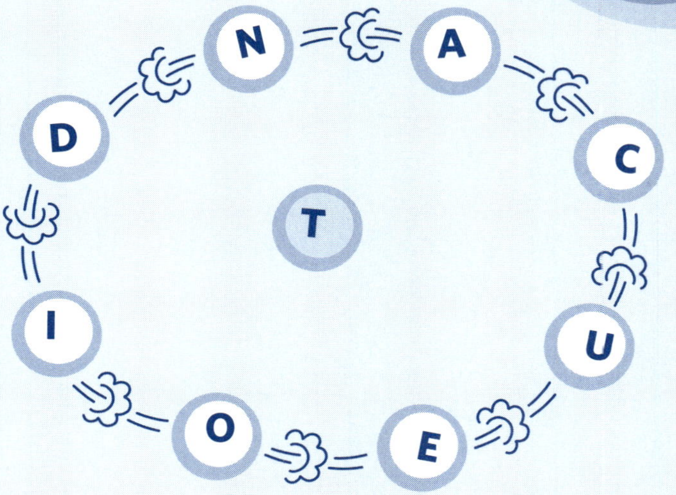

Gibt es das Wort wirklich? Schauen Sie nach unter **www.pons.eu**!

2 **Ausgesprochen** anders!

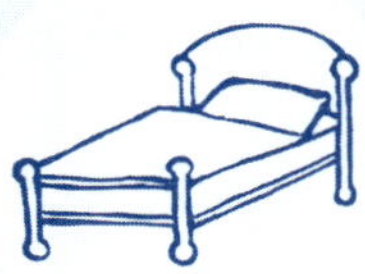

3 **Ausgesprochen** anders!

Lösungen

1 **Mögliche Lösungen:**
notice (*Anzeige, bemerken*), note (*Notiz, Nachricht, Geldschein*), tone (*Ton*), acute (*akut*), net (*Netz*), ant (*Ameise*), tide (*Gezeiten*), toad (*Kröte*), cat (*Katze*), ten (*zehn*), diet (*Diät, Diät machen*), act (*handeln, schauspielen, Handlung*), action (*Aktion*), education (*Bildung*), ...

2 Der kleine, feine Unterschied: In den Wörtern ***chef***, ***bread*** und ***bed*** wird der e-Laut [e] ausgesprochen, in dem Wort ***pear*** dagegen [eə].

3 Nur in dem Wort ***chef*** spricht man den ch-Laut [ʃ] aus, in den Wörtern ***church***, ***chain*** und ***cheese*** spricht man ihn dagegen [tʃ] aus.

BERUFE

1 Anagramm

E	A	E
C	T	R
S	Y	R

What is
Jane's job?
Jane is a ……….

2 Rebus

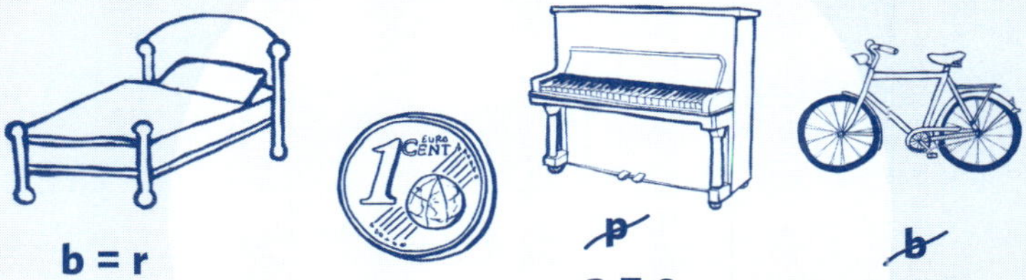

b = r
~~d~~

n = p

~~p~~
a = o
~~o~~

~~b~~
k = s
e = t

3

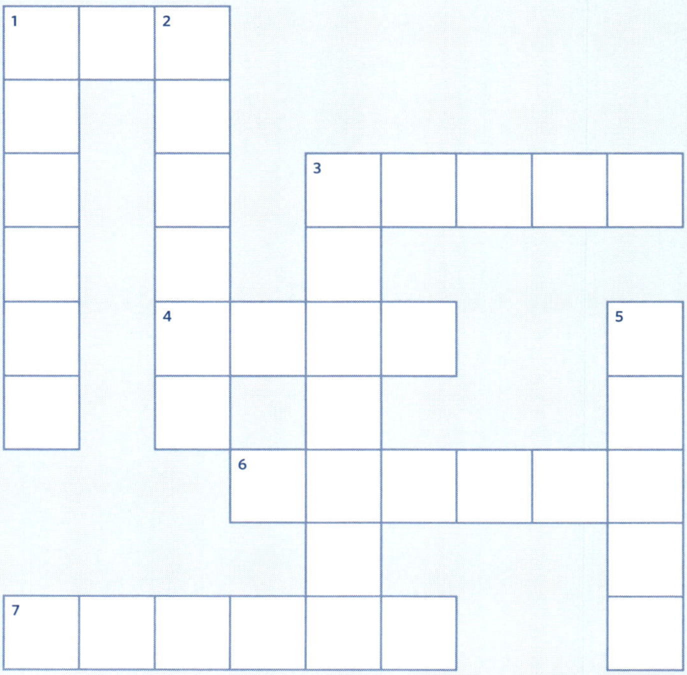

→
1. Becher
3. würzig, scharf
4. Suppe
6. Lachs
7. köcheln

↓
1. halbdurch
2. fettig
3. Würstchen
5. Mittagessen

IN DER KÜCHE

Lösungen

❶ secretary

❷ receptionist

Können Sie sich vorstellen **receptionist** zu sein? Das ist eine wichtige Position in einem Hotel oder einer Firma. Der Begriff **receptionist** kommt von **to receive** und bezieht sich auf eine Person, die andere Menschen in Empfang nimmt, wenn sie ankommen. Sind Sie zu anderen Menschen immer freundlich und zuvorkommend? Dann könnten Sie gut als **receptionist** arbeiten!

❸

1 M	U	2 G						
E		R						
D		E		3 S	P	I	C	Y
I		A		A				
U		4 S	O	U	P			5 L
M		Y		S				U
			6 S	A	L	M	O	N
				G				C
7 S	I	M	M	E	R			H

Wussten Sie nicht alle Wörter? Macht nichts: **I'll eat my hat** (***Ich fresse einen Besen***), wenn Sie beim nächsten Mal nicht mehr Wörter erraten können. Warum sehen Sie nicht nach, was beim nächsten Rätsel los ist (**What's cooking**)?

URLAUB

1

R	P	B	T	P	A	L	E	C
E	Y	E	U	R	T	A	T	M
C	R	A	P	L	A	N	E	I
E	E	C	E	E	T	D	F	N
P	N	H	Y	B	U	S	E	I
T	E	M	P	L	E	C	R	B
I	E	Z	H	S	I	A	R	A
O	S	T	R	T	E	P	Y	R
N	V	P	H	O	T	E	L	G

Finden Sie in dem Buchstabenraster alle neun Wörter zum Thema Urlaub?

ALLTAG

2 Wortpaare

baked	**cream**
household	**goods**
soap	**facilities**
sour	**opera**
sports	**rank**
taxi	**potato**

Lösungen

1

R	P	B	T	P	A	L	E	C
E	Y	E	U	R	T	A	T	M
C	R	A	P	L	A	N	E	I
E	E	C	E	E	T	D	F	N
P	N	H	Y	B	U	S	E	I
T	E	M	P	L	E	C	R	B
I	E	Z	H	S	I	A	R	A
O	S	T	R	T	E	P	Y	R
N	V	P	H	O	T	E	L	G

Das Wort **mini** ist sehr vielseitig. Ob **mini-skirt**, **minibar** oder **minibus** – man kann die Sachen damit immer verkleinern. Beliebt ist auch das Auto mit dem Namen **Mini** und darüber gibt es einige Witze, wie z. B.:

"How many elephants can you get in a Mini?" – "Four: two in the front, two in the back."

2 baked potato
household goods
soap opera
sour cream
sports facilities
taxi rank

Der Name **soap opera** geht ursprünglich auf Radioserien zurück, die von Seifen-herstellern produziert und finanziell unterstützt wurden. Diese frühen Radioserien wurden tagsüber gesendet, während meistens Hausfrauen zuhörten. Heutzutage sehen sich aber viele Menschen gerne **soap operas** an!

EINES PASST NICHT!

Was fällt hier aus der Reihe?

1	breakfast	dessert	main	starter
2	Asia	Canada	Japan	Sweden
3	court	field	pool	roof
4	fried	mashed	roasted	steamed
5	Amazon	Atlantic	Lake District	Pacific
6	islet	peninsula	isle	island

Lösungen

1. ~~breakfast~~ dessert main starter
2. ~~Asia~~ Canada Japan Sweden
3. court field pool ~~roof~~
4. fried ~~mashed~~ roasted steamed
5. Amazon Atlantic ~~Lake District~~ Pacific
6. islet ~~peninsula~~ isle island

Es gibt ein lustiges altes Lied über zwei Menschen, die zur Marine gehen, um die Welt zu sehen, aber sehr enttäuscht werden. Das geht so:

We joined the Navy to see the world, but what did we see?
We saw the sea.
We saw the Atlantic and the Pacific, and the Pacific wasn't terrific.
And the Atlantic wasn't what it's cracked up to be!

→ **It's not all it's cracked up to be.**
Es erfüllt nicht die Erwartungen.

ESSEN UND TRINKEN

1 Silbenrätsel

cau ade min li bles pres ced mon als ge re so ce le flo ve wer ta beef es

a. ______

b. ______

c. ______

d. ______

e. ______

f. ______

WORTWIRBEL

2

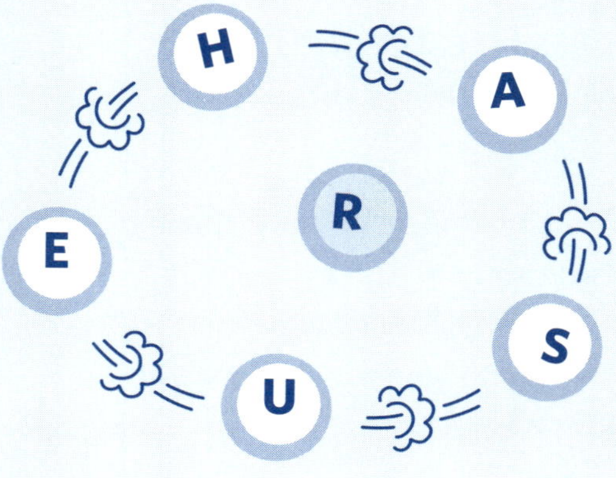

are, ______

______

______

Gibt es das Wort wirklich? Schauen Sie nach unter **www.pons.eu**!

Lösungen

1. **a.** cauliflower
   b. cereals
   c. espresso
   d. lemonade
   e. minced beef
   f. vegetables

Cauliflower (*Blumenkohl*) soll ja sehr gesund sein. Nicht ganz so gesund ist ein **cauliflower ear**! So was bekommt manch ein Boxer, wenn ihm die Ohren kaputt geschlagen werden.

→ **cauliflower ear** *Boxerohr, Blumenkohlohr*

2. **Mögliche Lösungen:**
   her (*ihr/e*), hear (*hören*), hare (*(Feld-)Hase*), rash (*Ausschlag*), rush (*Eile*), share (*teilen*), sure (*sicher*), ...

Man kann vieles teilen, aber man muss nicht immer dafür etwas hergeben. So bedeutet z. B. **to share bread with someone**, dass man mit jemandem zusammen isst, **to share a birthday** heißt, dass Sie am gleichen Tag wie jemand anderes geboren sind, aber **to share your money with someone** heißt, dass Sie die Hälfte abgeben müssen.

GESCHIRR

1 Anagramm Visitenkarte

his proven food

2 Rebus

Logisch?

3 juice : carton =

wine :

4 carrot : vegetable =

pineapple :

5 fridge : cold =

oven :

6 son : wife =

daughter :

7 highway : motorway =

gasoline :

ALLTAGSDINGE

Lösungen

1. ovenproof dish
2. tablespoon

In Großbritannien benutzt man einen **tablespoon**, um Zutaten beim Kochen oder zum Backen abzumessen. Einen **tablespoon** benutzt man aber nicht zum Essen, sondern einfach nur einen **spoon**. Für eine Tasse Tee oder Kaffee nimmt man einen **teaspoon** und für den Nachtisch einen **dessert spoon**.

3. bottle
4. fruit
5. hot
6. husband
7. petrol

In Großbritannien gab es vor einigen Jahrhunderten **highways** auf denen die Menschen mit Kutschen fuhren oder auf Pferden ritten. Sehr berüchtigt waren die **highwaymen**, die Reisende auf der Straße ausraubten. Sie waren nicht zimperlich und sagten angeblich: **"Your money or your life!"** Manchmal mussten die Reisenden mit beidem bezahlen.

FREIZEIT

Was fehlt hier?

1. I go to the theatre a lot because I have a year's s___n.
2. I work as a t___t g___e and show people round our city.
3. Surfing is one of the most exciting w___s.
4. Our sports facilities aren't too hot in summer because they are a___-c___d.
5. Did you go to the c___t where they played Beethoven's 5th?

ANAGRAMME

straight cliff

6. ___

7. ___

pacifist less riot

transit away oil

8. ___

Lösungen

1. subscription
2. tourist guide
3. watersports
4. air-conditioned
5. concert

Wann waren Sie das letzte Mal auf einem Konzert? Wenn es lange her ist, dann könnten Sie sich gezielt Mühe geben (**make a concerted effort**), mal wieder eines zu besuchen!

6. traffic lights
7. sports facilities
8. railway station

Ein Pazifist mag wahrscheinlich **riots** (*Krawalle*) nicht besonders gerne, aber er könnte jemandem die Leviten lesen (**read someone the riot act**), wenn er oder sie sich gewalttätig verhält. Andererseits würde es ihm vielleicht gefallen, wenn jemand über ihn sagen würde, **"He's a riot!"**, weil er gerne lustig und bei guter Laune ist.

AUSSPRACHE

1 Anagramm

E	L	Y
E	J	E
W	R	L

Sue likes to wear _ _ _ _ _ _ _ _ _.

2 **Ausgesprochen** anders!

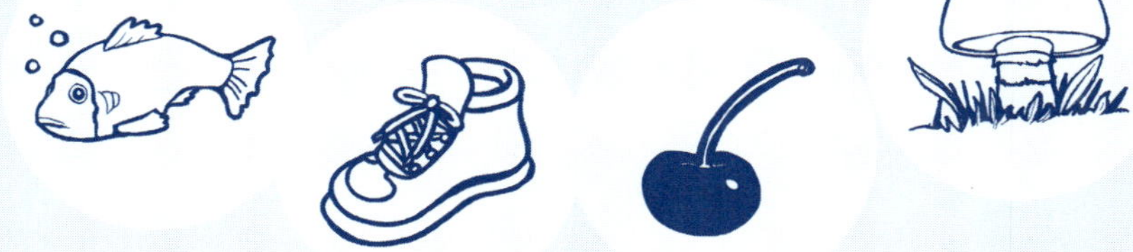

3 **Ausgesprochen** anders!

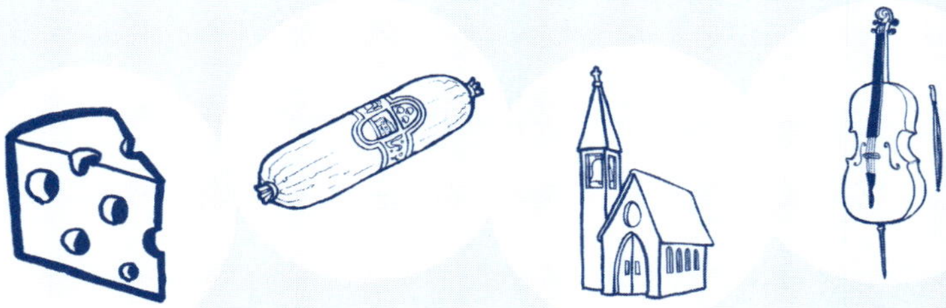

Lösungen

1. jewellery
2. **Cherry** wird mit [tʃ] ausgesprochen, die anderen Wörter mit [ʃ].
3. **Sausage** wird mit [ʤ] ausgesprochen, die anderen Wörter mit [tʃ].

Im Englischen ist der Unterschied zwischen [ʤ] und [tʃ] sehr wichtig, sonst weiß man z. B. nicht, ob jemand auf eine Taube (**pigeon**) aufmerksam machen will oder, ob er einem sagt, dass man gefälligst einspringen soll (**pitch in**)!

→ **pigeon** [ˈpɪʤən] **pitch in** [pɪtʃ ɪn]

GESCHMACK

1 Wortpaare

bitter	bland
burnt	dry
juicy	fresh
spicy	raw
stale	tough
tender	sweet

2 Silbenrätsel

har re ho ney re tou one- ket dou jour tion guide way ble turn boat cep rist tic tour room bour tel

a. ______

b. ______

c. ______

d. ______

e. ______

f. ______

REISEN

Lösungen

1. | | | |
|---|---|---|
| bitter | — | sweet |
| burnt | — | raw |
| juicy | — | dry |
| spicy | — | bland |
| stale | — | fresh |
| tender | — | tough |

Gegensätze hängen meistens vom Kontext ab. Deswegen kann z. B. das Gegenteil von **right** (*rechts, richtig*) je nach Kontext **left** (*links*) oder auch **wrong** (*falsch*) sein. Bei Rätseln ist es deshalb ratsam, alle möglichen Wörter auszuprobieren, um zu sehen, welches am besten passt.

2.
a. double room
b. hotel reception
c. harbour boat tour
d. one-way ticket
e. return journey
f. tourist guide

Sind Sie mal in Großbritannien mit dem Zug gefahren? Da können Sie großen Spaß damit haben, herauszufinden, welche Fahrkarte Sie nehmen sollen. Es gibt angeblich Sparfahrkarten, aber diese bekommen Sie leider nur **once in a blue moon** (*ganz selten*)! Was aber sicher ist: ein **return ticket** (*Rückfahrkarte*) kostet nicht viel mehr als ein **one-way ticket** (*einfache Fahrt*), also lohnt es sich immer zurückzufahren!

WORTWIRBEL

1

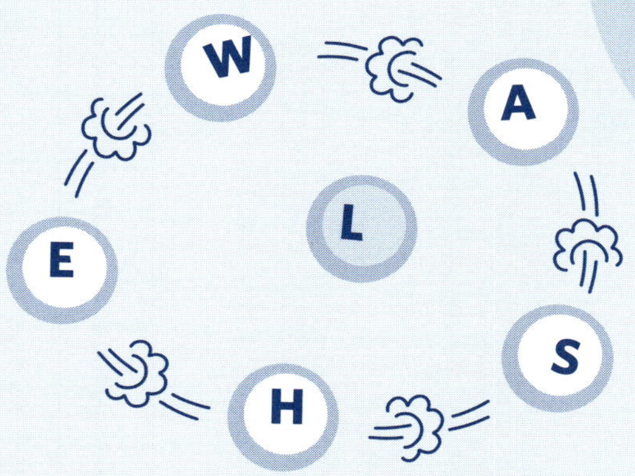

law,

Gibt es das Wort wirklich? Schauen Sie nach unter **www.pons.eu**!

ARBEITSWELT

2

→

1. Mechaniker/in
4. Anzug
6. arbeiten
7. Manager/in

↓

2. Kassierer/in
3. Kollege/ Kollegin
5. Lehrer/in

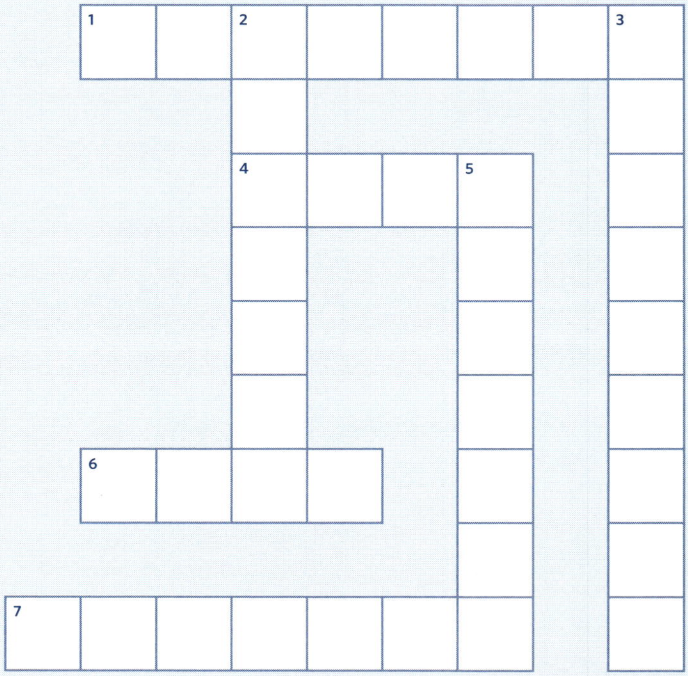

Lösungen

1 Mögliche Lösungen:
ale (*Ale (Biersorte)*), lash (*Wimper; Peitsche*), leash (*Leine*), heal (*heilen*), sale (*Verkauf*), seal (*Seehund; Siegel*), Wales, Welsh (*walisisch*), whale (*Wal*), ...

Wales ist ein eigenständiger Teil Großbritanniens. In Deutschland wird England oft mit Großbritannien gleichgesetzt, aber sagen Sie das ja nicht einem Waliser! Viele Waliser, Schotten und Iren sind sehr stolz auf ihr jeweiliges Land, und werden nicht gerne als Engländer bezeichnet!

2

	1 M	E	2 C	H	A	N	I	3 C
			A					O
			4 S	U	I	5 T		L
			H			E		L
			I			A		E
			E			C		A
	6 W	O	R	K		H		G
						E		U
7 M	A	N	A	G	E	R		E

Tragen Sie gerne einen **suit** (***Anzug***)? Oder stehen Ihnen Anzüge nicht: **Don't they suit you?** Ein Anzug ist aber meistens angebracht, wenn Sie eine Klage erheben (**to file a suit**). Nicht? **Suit yourself!** (*Wie Sie wollen!*)

1 Anagramm

Z	M	G
Y	L	N
A	I	A

What does this coat look like?

It's beautiful!

2 Rebus

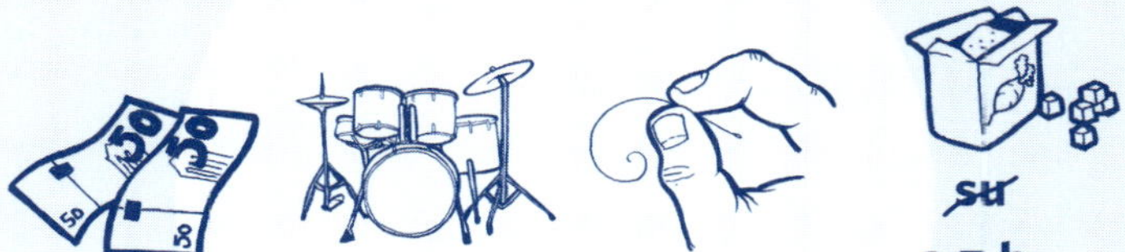

3 Rebus

Lösungen

1 amazingly

2 medium height

Wie mögen Sie Ihr Steak? Etwa medium? Obgleich die Bezeichnung für ein blutiges Steak auf Deutsch „Englisch" ist, mögen die meisten Engländer ihr Fleisch lieber durch. In Großbritannien bestellt man ein Steak **well done** (*durch*), **medium rare** (*halbdurch, medium*) oder **rare** (*blutig, Englisch*).

3 beautiful

EINES PASST NICHT!

Was fällt hier aus der Reihe?

1	address	advert	arrange	arrest
2	bacon	baked	bathroom	basement
3	daily	dairy	great	place
4	guided	juicy	queue	suit
5	ground	fountain	harbour	pound
6	think	thin	thanks	the

Lösungen

1. address ~~advert~~ arrange arrest
2. bacon baked ~~bathroom~~ basement
3. daily ~~dairy~~ great place
4. ~~guided~~ juicy queue suit
5. ground fountain ~~harbour~~ pound
6. think thin thanks ~~the~~

Sind Sie sattelfest, was die britisch englische Aussprache betrifft? Dann wissen Sie sicher, wie man **ou** aussprechen kann, und dieser Satz bereitet Ihnen keine Probleme:

A journalist [ɜː] from the next county [aʊ] or a tourist [ʊə] from another country [ʌ] might go through [uː] the menu and find the poultry [əʊ] a little tough [ʌ].

IM RESTAURANT

Was fehlt hier?

1. This espresso is made with roasted c_____ b___s.
2. Chips are all right but I prefer my p______s baked.
3. I always have m______ w____ with my coffee.
4. This tastes better if it is s______d with salt and pepper.
5. C______ p__ has got meat in it.

VERWANDTSCHAFT

Anagramm Visitenkarte

horntail brew

6.

draft hen rag

7.

normal white

8.

Lösungen

1. coffee beans
2. potatoes
3. mineral water
4. seasoned
5. Cottage pie

Wenn eine Speise als **seasoned** beschrieben wird, heißt es, dass man es mit Salz, Pfeffer und Gewürzen schmackhafter gemacht hat. Aber was ist dann ein **seasoned actor**? Ein „gewürzter Schauspieler"? Nein, wenn jemand **seasoned** ist, dann heißt das, dass er langjährige Erfahrung in einer Sache hat und sich gut damit auskennt.

6. brother-in-law
7. grandfather
8. mother-in-law

Wenn man heiratet, bekommt man meistens eine Menge neuer Verwandte. Im Englischen nimmt man die Namen für die engste Verwandschaft seines Mannes oder seiner Frau und fügt **-in-law** hinzu; so hat man z. B. einen **father-in-law** (*Schwiegervater*), eine **mother-in-law** (*Schwiegermutter*), einen **brother-in-law** (*Schwager*) und eine **sister-in-law** (*Schwägerin*). Bei **cousins** (*Cousins*), **aunts** (*Tanten*), **uncles** (*Onkel*), usw. hört das aber dann auf – sonst würde man ja nie fertig werden!

COMPUTER

Was fehlt hier?

1 I'm building a new website but it's not a _______ yet.

2 I'm trying to l___ i__, but my password doesn't work.

3 My sister has set up an e-mail a_______ for me.

4 That sentence isn't right. I'll have to d_____ it.

5 If you want to join, you have to e____ your personal details.

GB ODER USA?

6 Wortpaare

chips	cellphone
crisps	chips
mobile	gasoline
motorway	fries
petrol	pants
trousers	highway

Lösungen

1. available
2. log in
3. account
4. delete
5. enter

Man kann viele verschiedene **accounts** (*Konten*) haben. Man kann z. B. **an e-mail account** oder **a bank account** haben. Aber wenn Sie etwas in Betracht ziehen (**you take something into account**), dann hat das nicht unbedingt etwas mit Ihren anderen Konten zu tun!

6.

British		**American**
chips	—	fries
crisps	—	chips
mobile	—	cellphone
motorway	—	highway
petrol	—	gasoline
trousers	—	pants

In Großbritannien muss man aufpassen, wenn man die Beinbekleidung einer Frau anspricht. Wenn Sie nämlich sagen würden, **"I like your pants"**, wäre sie möglicherweise etwas schockiert – dort bedeutet **pants** nämlich *Slip*.

1 Finden Sie alle neun Begriffe, die in diesem Buchstabenraster versteckt sind?

M	O	T	O	R	B	I	K	E
O	T	B	A	S	C	E	W	S
T	H	I	G	H	W	A	Y	U
O	G	M	I	W	Y	V	A	B
R	T	R	A	F	F	I	C	W
W	A	U	R	S	D	O	D	A
A	X	R	A	I	L	W	A	Y
Y	I	P	H	G	A	I	C	U
E	P	L	A	N	E	N	I	O

2 Anagramm

R	I	U
D	E	T
N	C	O

Who is next on the show?

Let me
Peppo the Clown!

Lösungen

1

M	O	T	O	R	B	I	K	E
O	T	B	A	S	C	E	W	S
T	H	I	G	H	W	A	Y	U
O	G	M	I	W	Y	V	A	B
R	T	R	A	F	F	I	C	W
W	A	U	R	S	D	O	D	A
A	X	R	A	I	L	W	A	Y
Y	I	P	H	G	A	I	C	U
E	P	L	A	N	E	N	I	O

Fragen Sie in New York nach dem Weg zur **subway**, dann werden Sie hoffentlich zur nächsten U-Bahn-Station geschickt. Wenn Sie aber in London nach einem **subway** fragen, dann zeigt man Ihnen den Weg zu einer höchstwahrscheinlich unangenehm riechenden Straßenunterführung! In London muss man nach **the Tube** oder **the Underground** fragen, wenn man zur U-Bahn möchte.

2 introduce

→

1. stornieren
3. Anzeige
5. bestätigen
6. Passwort

↓

2. eingeben
3. Zugang
4. kopieren

Lösungen

			1 C	A	N	C	2 E	L
							N	
		3 A	D	V	E	R	T	
		C					E	
4 C		5 C	O	N	F	I	R	M
O		E						
6 P	A	S	S	W	O	R	D	
Y		S						

Das Wort **copy** kann man vielfältig verwenden. Man kann z. B. etwas kopieren (**copy**) oder Journalisten und Buchhersteller nennen ein Buchexemplar **copy**. Aber was ist ein **copycat**? Das ist ein nerviger Mensch, der Ihnen immer alles nachmacht!

1 Rebus

2

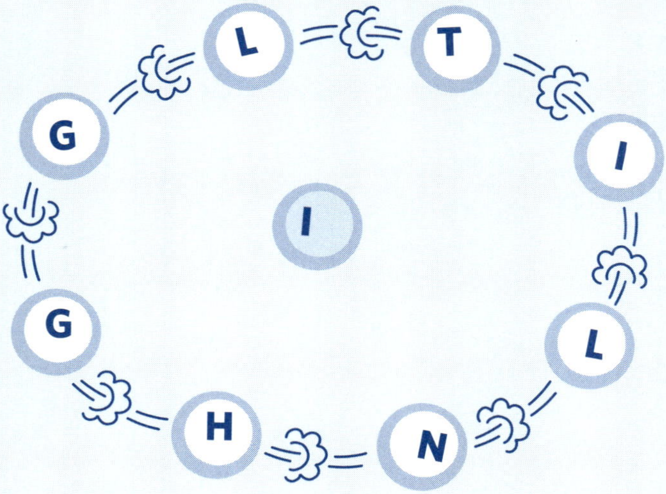

Gibt es das Wort wirklich? Schauen Sie nach unter **www.pons.eu**!

Lösungen

1 entertainment

In der **world of entertainment** gibt es einige Sprüche, die wichtig sind. Einer lautet: **the show must go on** (*die Vorstellung/ Show muss weitergehen*). Und man darf auf keinen Fall einem Darsteller Glück wünschen, sondern man sollte **break a leg** sagen!

2 **Mögliche Lösungen:**

in (*in*), lit (*beleuchtet, Vergangenheit von light – anzünden, beleuchten*), nil (*nichts, Null*), till (*Kasse, Kurzform von until - bis*), light (*Licht, leicht, anzünden, beleuchten*), glint (*Funke, glintzern*), lining (*Futterstoff*), lighting (*Beleuchtung*), lightning (*Blitz*), night (*Nacht*), ill (*krank*), hill (*Hügel*), ...

GEFÜHLE

Was fehlt hier?

1 I was very angry when he told me about her, but now I've c _ _ _ _ _ down a little.

2 Did you get it? That's great! I'm so e _ _ _ _ _ _ for you!

3 How do you feel about it? You can be h _ _ _ _ _ with me.

4 The more I think about it, the a _ _ _ _ _ _ I get.

5 Now come on, Daniel, there's no n _ _ _ to get so upset.

6 Money can't buy you h _ _ _ _ _ _ _ _, but it sure does help!

ZU HAUSE

7 Silbenrätsel

cook robe board car stair pet era er re frig cup tor ward case

a. ____________________

b. ____________________

c. ____________________

d. ____________________

e. ____________________

f. ____________________

Lösungen

1. calmed
2. excited
3. honest
4. angrier
5. need
6. happiness
7. **a.** cooker
   b. refrigerator
   c. cupboard
   d. wardrobe
   e. carpet
   f. staircase

Ähnlich wie bei ***bicycle*** und ***bike*** benutzt man auch für ***refrigerator*** häufig nur die Kurzform ***fridge***.

Anagramm Visitenkarte

turner

1. I'd like a ______ ticket to London, please.

2. Would you like a ______ ______ or a second class ticket?

lists scarf

caned cell

3. Due to heavy snow, all flights have been ______.

4. Damn it! It looks like we've missed our ______.

tonic nonce

put boss

5. Can you see where the ______ ______ is?

6. All trains to Birmingham are ______ late this afternoon.

nun ring

Lösungen

1. return
2. first class
3. cancelled
4. connection
5. bus stop
6. running

In Großbritannien steigt man in Busse grundsätzlich vorne ein, auch wenn man bereits eine Fahrkarte besitzt. Viele Fahrgäste benutzen inzwischen eine wiederaufladbare, elektronische Fahrkarte, wie etwa die ***Oyster card*** für den Großraum London, und sparen so gegenüber dem Einzelticketfahrpreis Zeit und Geld.

Wie auch sonst in Großbritannien stellt man sich an der Bushaltestelle ordentlich an. Drängler werden von den anderen Fahrgästen zurechtgewiesen.

1 Anagramm mit Wortgitter

E	N	M
R	H	I
T	G	A

Did you have a good journey?

God no, I got stuck in a traffic jam for hours – it was an absolute _ _ _ _ _ _ _ _ _ !

2 Rebus

s = r
o = e
~~**k**~~

~~**st**~~
a = o

k = d

Lösungen

1. nightmare
2. recording

EINES PASST NICHT!

Was fällt hier aus der Reihe?

1	engine	wheel	tyre	table
2	wing	planet	engine	plane
3	propeller	hull	lifeboat	fish
4	motorway	airport	highway	freeway
5	under-ground	subway	motorway	metro
6	rocket	e-bike	motorbike	moped

Lösungen

1. engine wheel tyre ~~table~~
2. wing ~~planet~~ engine plane
3. propeller hull lifeboat ~~fish~~
4. motorway ~~airport~~ highway freeway
5. underground subway ~~motorway~~ metro
6. ~~rocket~~ e-bike motorbike moped

Finden Sie in dem Raster jeweils das englische Wort?

P	I	A	F	O	O	A	P
O	R	R	L	M	O	C	T
G	T	R	U	M	P	E	T
U	D	P	T	L	E	L	P
I	N	R	E	I	D	L	I
T	A	S	U	E	A	O	A
A	N	O	E	M	K	N	N
R	R	A	R	E	S	S	O

Lösungen

 — drums

 — cello

 — piano

 — guitar

 — trumpet

 — flute

P	I	A	F	O	O	A	P
O	R	R	L	M	O	C	T
G	T	R	U	M	P	E	T
U	D	P	T	L	E	L	P
I	N	R	E	I	D	L	I
T	A	S	U	E	A	O	A
A	N	O	E	M	K	N	N
R	R	A	R	E	S	S	O

Ähnlich wie bei ***trousers*** (‚Hose') benutzt man im Englischen auch für das Wort ‚Schlagzeug' eine Pluralform: Er spielt Schlagzeug – ***he plays the drums***. ***Drum*** in der Einzahl bedeutet einfach nur ‚Trommel'.

Logisch?

1 swimming : pool =

football :

2 horse-racing : horse =

sailing :

3 basketball : basket =

hockey :

4 skiing : ski pole =

cricket :

5 football : shorts =

swimming :

6 **Ausgesprochen** anders!

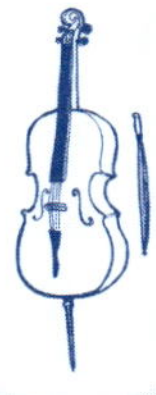

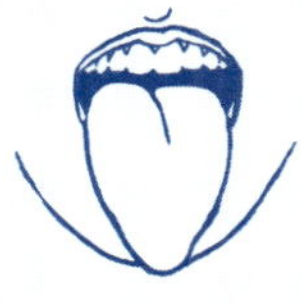

7 **Ausgesprochen** anders!

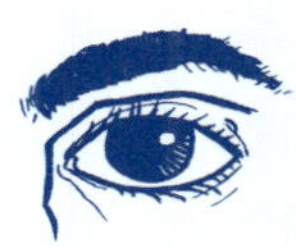

Lösungen

1. pitch
2. boat/yacht
3. goal
4. bat
5. trunks/swimsuit
6. Im Gegensatz zu ***cello***, ***piano*** und ***euro***, bei denen das o [əʊ] gesprochen wird, spricht man ***tongue*** mit [ʌ] aus.
7. Das Wort ***eye*** passt hier nicht in die Reihe, da all die anderen Wörter – ***tree***, ***key*** und ***three*** – mit [iː] ausgesprochen werden, ***eye*** aber mit [aɪ].

↓

1. Gesundes Essen wird .... *food* genannt.
2. So heißt bio auf Englisch.
3. sättigend
4. hausgemacht, selbst gekocht

→

5. A .... Christmas dinner includes roast turkey and Christmas pudding.
6. Wenn das Essen aus der Region kommt, bezeichnet man es als .... *food*.
7. Fertiggericht (2 Wörter)

Lösungen

									[1]H	
	[2]O		[3]F				[4]H		E	
[5]T	R	A	D	I	T	I	O	N	A	L
	G		L				M		L	
	A		L				E		T	
	N		I				C		H	
	I		N				O			
	C		G			[6]L	O	C	A	L
							K			
	[7]R	E	A	D	Y	M	E	A	L	
							D			

NOTFALL

1 Anagramm mit Wortgitter

C	R	E
E	M	Y
N	E	G

You should only ever dial 999 in an _________!

TIERE

Was fehlt hier?

2 Have you been for a w____ with the dog today?

3 Someone will need to f___ the cats while we are away.

4 You need to clean out the rabbit h____ - it stinks!

5 On a farm, the first job of the day is to m___ the cows.

6 Horses need a good supply of straw and h__.

7 There's nothing as soft as lamb's w___.

Lösungen

1. emergency
2. walk
3. feed
4. hutch
5. milk
6. hay
7. wool

Auch in Großbritannien und Amerika gilt der Hund als ***man's best friend***, also der beste Freund des Menschen. Überall gern gesehen ist er deswegen aber vor allem in Amerika noch lange nicht. In Restaurants oder in Busse dürfen die Vierbeiner im Allgemeinen nicht mitgenommen werden, außer natürlich, es handelt sich um einen Blindenhund.

ERDKUNDE

1 Wortpaare

borough	•	Dorf
town	•	Verwaltungsbezirk
city	•	Nachbarschaft, Viertel
village	•	Großstadt
neighbourhood	•	Grafschaft
county	•	Stadt

IN DER SCHULE

2 Silbenrätsel

pu er teach na ground board room ami black tion ex class play pil

a. ______________________

b. ______________________

c. ______________________

d. ______________________

e. ______________________

f. ______________________

Lösungen

1
borough	—	Verwaltungsbezirk
town	—	Stadt
city	—	Großstadt
village	—	Dorf
neighbourhood	—	Nachbarschaft, Viertel
county	—	Grafschaft

2
a. playground
b. classroom
c. blackboard
d. teacher
e. pupil
f. examination

BERUFE

Logisch?

1. police : policeman =
   army :

2. school : teacher =
   university :

3. building : builder =
   farm :

4. car : mechanic =
   computer :

5. train : driver =
   plane :

6. shop : shop assistant =
   library :

7. Rebus

os = ec | ~~**st**~~ **a = p** | ~~**p**~~ **o = i**

Lösungen

1. soldier
2. lecturer/professor
3. farmer
4. technician/programmer
5. pilot
6. librarian
7. receptionist

Shop assistant ist die übliche Bezeichnung für einen Verkäufer oder eine Verkäuferin in Großbritannien. In den USA nennt man sie eher ***store clerk*** oder auch ***sales clerk***, jeweils mit [ɜːr] ausgesprochen. ***Clerks*** gibt es aber auch in Großbritannien. Dort spricht man ***clerk*** jedoch [klaːk] aus, sodass es sich auf ***dark*** oder ***shark*** reimt. Gemeint sind dann Büroassistenten/-innen von Anwälten, Buchhaltern oder höheren Beamten.

EINES PASST NICHT!

Was fällt hier aus der Reihe?

1	BBC	CNN	NYPD	ABC
2	etc.	e.g.	i.e.	AC/DC
3	Mr	Mrs	Dr	Ms
4	ibid.	c u	l8r	lol
5	LA	NY	ATL	CNN
6	km	cm	l	mm

Lösungen

1. BBC CNN ~~NYPD~~ ABC
2. etc. e.g. i.e. ~~AC/DC~~
3. Mr Mrs ~~Dr~~ Ms
4. ~~ibid.~~ c u l8r lol
5. LA NY ATL ~~CNN~~
6. km cm ~~l~~ mm

Wie in jeder Sprache gibt es auch im Englischen viele Abkürzungen, etwa für Maßeinheiten, Organisationen oder auch in der modernen Kommunikation (z. B. beim Simsen). Doch oft weiß man gar nicht mehr, was genau hinter den Buchstaben steckt. So liest man auf Einladungen häufig: „R.S.V.P." Längst nicht jedem ist bewusst, dass dahinter das französische „répondez s'il vous plaît" steckt. Ähnlich verhält es sich mit den Abkürzungen ***e.g.*** (‚z. B.') und ***i.e.*** (‚d. h.') – deren lateinische Vollformen ***exempli gratia*** bzw. ***id est*** sind wohl den wenigsten bekannt.

Anagramm Visitenkarte

meet or

1 Have you seen the control anywhere?

2 How many

have you got?

clan hens

treks won

3 The big American

have some great shows.

4 **Ausgesprochen** anders!

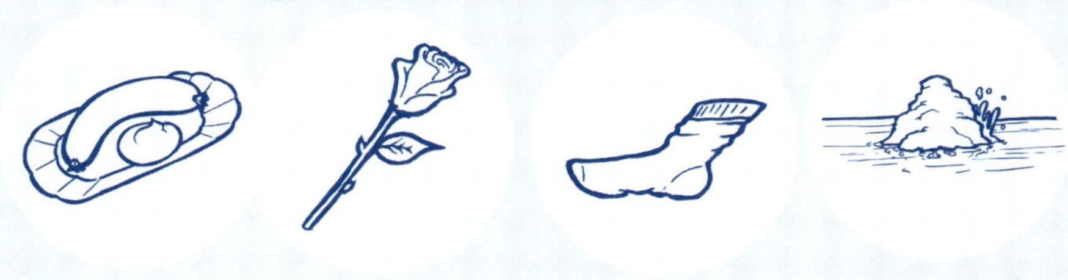

5 **Ausgesprochen** anders!

Lösungen

1. remote
2. channels
3. networks
4. *Rose* wird mit [əʊ] ausgesprochen, die drei anderen Wörter (*sausage*, *sock* und *rock*) spricht man dagegen mit [ɒ] aus.
5. In dieser Reihe geht es um das *g.* Bei *leg*, *eagle* und *sugar* wird es [g] gesprochen, bei *cage* hingegen [ʤ].

ERDKUNDE

1 Wortpaare

city	municipal
country	rural
sea	British
district	regional
Britain	maritime
region	urban

2

S	M	P	O	R	I	D	A	Y	T
U	H	M	E	U	A	Y	B	O	R
R	S	E	H	I	B	A	X	P	E
G	T	D	O	C	T	O	R	E	A
E	E	I	S	P	B	P	A	R	T
R	R	C	P	E	E	N	Y	A	M
Y	I	I	I	R	R	U	D	T	E
O	P	N	T	A	T	R	O	I	N
A	R	E	A	W	N	S	Y	O	T
L	O	P	L	R	A	E	I	N	N

Können Sie alle sieben Wörter finden, die sich hier in diesem Buchstabengitter zum Thema Gesundheit versteckt haben?

GESUNDHEIT

Lösungen

1.

city	—	urban
country	—	rural
sea	—	maritime
district	—	municipal
Britain	—	British
region	—	regional

2.

S	M	P	O	R	I	D	A	Y	T
U	H	M	E	U	A	Y	B	O	R
R	S	E	H	I	B	A	X	P	E
G	T	D	O	C	T	O	R	E	A
E	E	I	S	P	B	P	A	R	T
R	R	C	P	E	E	N	Y	A	M
Y	I	I	I	R	R	U	D	T	E
O	P	N	T	A	T	R	O	I	N
A	R	E	A	W	N	S	Y	O	T
L	O	P	L	R	A	E	I	N	N

BEI DER ARBEIT

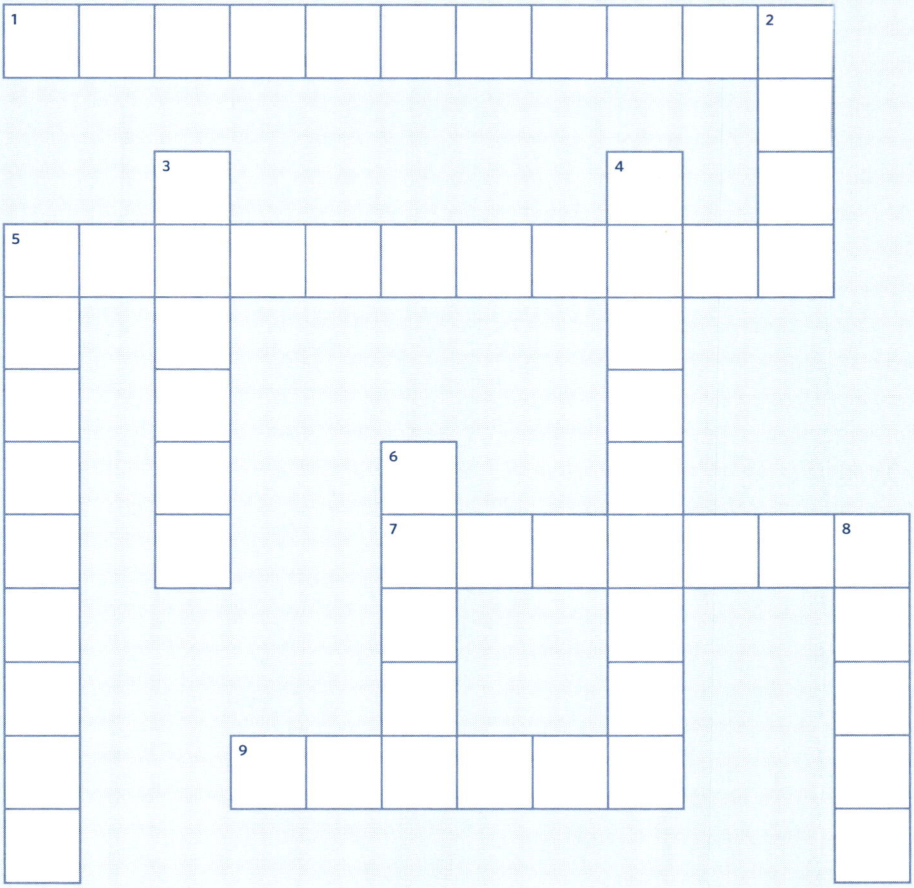

→

1. Telefonzentrale
5. Kaffeepause
7. Sitzung, Besprechung
9. Gehalt

↓

2. Bürotisch
3. Büro
4. Sekretärin
5. Kollege
6. E-Mail
8. Grafik, Diagram

Lösungen

1 S	W	I	T	C	H	B	O	A	R	2 D	
										E	
		3 O						4 S		S	
5 C	O	F	F	E	E	B	R	E	A	K	
O		F						C			
L		I						R			
L		C			6 E			E			
E		E			7 M	E	E	T	I	N	8 G
A					A			A			R
G					I			R			A
U			9 S	A	L	A	R	Y			P
E											H

MAHLZEIT!

1 Anagramm Wortgitter

R	A	K
S	B	T
E	A	F

is the most important meal of the day!

WORTWIRBEL

2

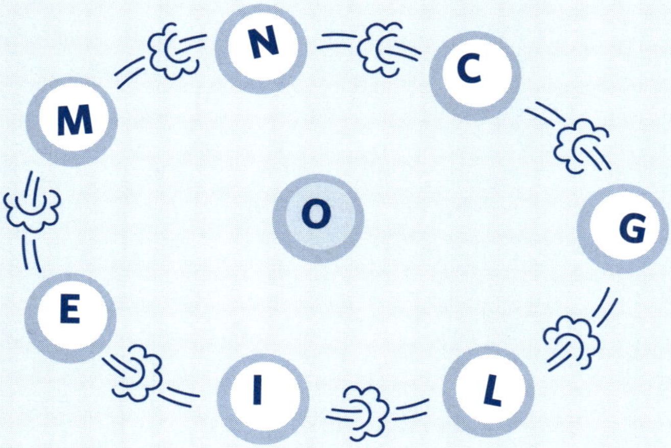

Gibt es das Wort wirklich? Schauen Sie nach unter **www.pons.eu**!

Lösungen

1. breakfast

2. **Mögliche Lösungen:**
on (*auf, an*), no (*nein, kein/e*), one (*ein/e*), log (*Logbuch, Holzklotz*), lone (*einsam, allein stehend*), omen (*Omen*), mole (*Maulwurf, Muttermal*), gone (*weg, Vergangenheit von go - gehen*), clone (*Klon*), long (*lang*), logic (*Logik*), con (*Schwindel, reinlegen*), gnome (*Zwerg, Gartenzwerg*), ...

Was fehlt hier?

1. I hate pizza. Do you like I n food?
2. I just can't get the kids to eat their g !
3. Oranges are packed full of v .
4. How l do you think I should leave it in the oven?
5. You need to fry it over a h heat at first, then more gently.
6. The important thing with b is to weigh the ingredients exactly.

7. Anagramm mit Wortgitter

E	E	E
T	E	N
W	S	R

Do you take sugar in your coffee, Jennifer?

No, I'm diabetic, I'm afraid. Do you have any ?

Lösungen

1. Italian
2. greens
3. vitamins
4. long
5. high
6. baking

Im Englischen nennt man Gemüse auch ***greens***. Auch sonst zeigt sich die Sprache farbenfroh. Fühlt man sich leicht depressiv, hat man den ***blues***. Und ähnlich wie im Deutschen wird rot tendenziell mit Gefahr oder Wut gleichgesetzt: ***to see red*** heißt „rotsehen".

Wer als Ausländer in den USA die ***green card*** besitzt, kann sich glücklich schätzen. Er hat eine Aufenthaltsgenehmigung mit Arbeitserlaubnis erhalten. Über einen ***pink slip*** freut man sich dagegen weniger – das ist nämlich so etwas wie ein blauer Brief oder die Kündigung.

7. sweetener

Anagramm Visitenkarte

pan most

1 The _ _ _ _ _ _ _ brought five letters today.

2 I read it in the _ _ _ _ _ .

per pa

marketer pus

3 We need some milk. Shall we go down to the _ _ _ _ _ _ _ _ _ _ _ ?

4 Silbenrätsel

is
era
tory
ol
emat
ics
lit
his
chem
ics
try
ogy
ture
bi
phys
math

a. ______________________

b. ______________________

c. ______________________

d. ______________________

e. ______________________

f. ______________________

Lösungen

1. postman
2. paper
3. supermarket
4. **a.** mathematics
   b. biology
   c. chemistry
   d. physics
   e. history
   f. literature

1 Wortpaare

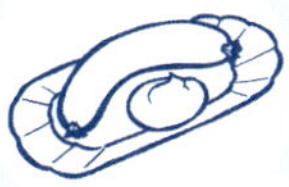

- granulated
- grated
- cultivated
- sliced
- freshly poured
- 100% pork

2 Rebus

st = ch
a = o ~~r~~

~~t~~
w = c

~~f~~
u = a

Lösungen

1  — grated

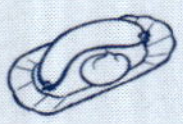 — 100% pork

 — cultivated

 — granulated

 — sliced

 — freshly poured

2 chocolate

Die Briten und Amerikaner hängen sehr an ihrem (für den deutschen Geschmack etwas nährstoffarmen) Kastenbrot, das in Supermärkten fertig geschnitten verkauft wird. Wohl deswegen gilt ***sliced bread*** als etwas Unschlagbares - es ist sozusagen das Gelbe vom Ei.

John thinks she's the greatest thing since sliced bread heißt folglich, dass John seine Freundin einfach total klasse findet.

EINES PASST NICHT!

Was fällt hier aus der Reihe?

1	French	royal	German	Chinese
2	noun	verb	comma	adjective
3	letter	present	past	future
4	dialect	accent	language	ears
5	lips	cheek	toe	tongue
6	speak	listen	talk	say

Lösungen

1. French ~~royal~~ German Chinese
2. noun verb ~~comma~~ adjective
3. ~~letter~~ present past future
4. dialect accent language ~~ears~~
5. lips cheek ~~toe~~ tongue
6. speak ~~listen~~ talk say

ADVERBIEN

Logisch?

1. speedy : speedily =
   sneaky :

2. quick : quickly =
   fast :

3. bad : badly =
   good :

4. quickly : more quickly =
   well :

5. important : importantly =
   simple :

6. **Ausgesprochen** anders!

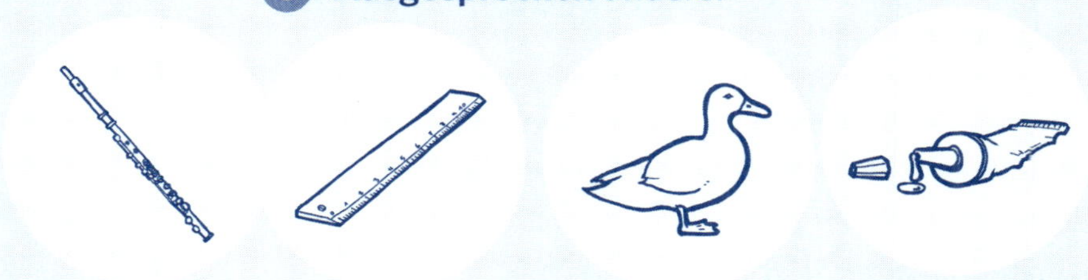

7. **Ausgesprochen** anders!

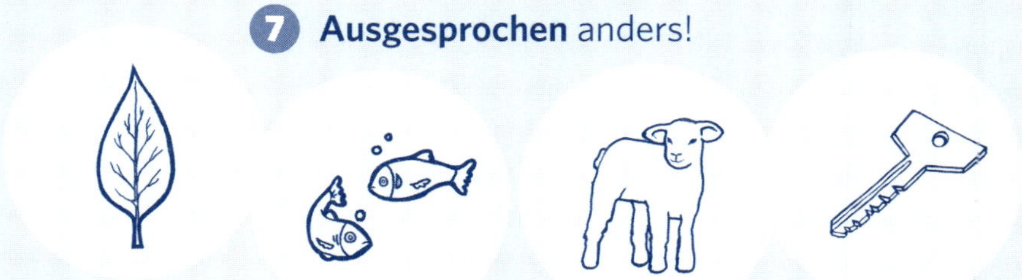

Lösungen

1. sneakily
2. fast
3. well
4. better
5. simply
6. Alle vier Wörter werden zwar mit ***u*** geschrieben, ***duck*** wird aber als einziges mit [ʌ] ausgesprochen, während man die anderen Wörter (***ruler***, ***flute*** und ***glue***) mit [uː] ausspricht.
7. ***Fish*** spricht man mit kurzem [ɪ] aus, die anderen drei Wörter (***leaf***, ***key*** und ***sheep***) jedoch mit langem [iː].

Englische Schulkinder lernen auf das so genannte ***silent e*** zu achten. So ändert sich die Aussprache eines Wortes, wenn am Ende noch ein ***silent e*** anhängt, vgl. *mad* [mæd] vs. *made* [meɪd] oder auch *cub* [kʌb] vs. *cube* [kjuːb].

P	R	O	G	R	A	M	M	E	R
O	O	M	E	U	O	Y	U	W	T
S	T	L	H	I	F	U	E	R	E
T	U	D	I	C	T	O	R	I	A
W	O	E	S	C	H	E	F	T	C
O	R	X	P	E	E	N	Y	E	H
M	O	I	F	R	R	M	D	R	E
A	P	N	T	A	T	R	A	V	R
N	M	A	N	A	G	E	R	N	T
P	H	I	F	I	R	E	M	A	N

In diesem Buchstabengitter sind acht Berufe versteckt. Haben Sie alle gefunden?

Lösungen

P	R	O	G	R	A	M	M	E	R
O	O	M	E	U	O	Y	U	W	T
S	T	L	H	I	F	U	E	R	E
T	U	D	I	C	T	O	R	I	A
W	O	E	S	C	H	E	F	T	C
O	R	X	P	E	E	N	Y	E	H
M	O	I	F	R	R	M	D	R	E
A	P	N	T	A	T	R	A	V	R
N	M	A	N	A	G	E	R	N	T
P	H	I	F	I	R	E	M	A	N

Achtung, falscher Freund! Die Übersetzung des englischen Wortes ***chef*** lautet nicht Chef/Chefin, sondern Koch/Köchin!

?

Was fehlt hier?

1. Spring came quite e… this year, didn't it?
2. I like to take my holidays in the s… so I can go to the beach.
3. The c… are one of the best things about autumn.
4. She always gets so d… in winter.
5. Out of all the s…, I like spring the best.
6. British w… doesn't care which time of year it is!

7. Rebus

m = h

c = w

t = v

+ e

Lösungen

1. early
2. summer
3. colours
4. depressed
5. seasons
6. weather
7. heatwave

Wenn es im Sommer über längere Zeit heiß ist, kann es passieren, dass das Wasser knapp wird. In Großbritannien und Amerika erlassen die Regierungen dann gerne einen ***hosepipe ban***: Gärten und sonstige Pflanzen dürfen nicht mehr gesprengt, sondern nur noch mit der Gießkanne bewässert werden.
In weiten Teilen der USA steigt das Quecksilber öfters über 30 Grad, sodass die meisten Büros, Läden und Privathaushalte über leistungsstarke Klimaanlagen verfügen – auf Englisch ***air conditioning*** oder kurz ***AC***.

LITERATUR

?

1 Silbenrätsel

ger
worth
speare
Dick
ing
ens
Words
Hem
ner
ald
Fitz
way
Faulk
Shake

a. ______________________

b. ______________________

c. ______________________

d. ______________________

e. ______________________

f. ______________________

ALLTÄGLICHES

2 Anagramm mit Wortgitter

E	D	L
L	N	Y
S	S	E

Children, must you shout

________ ?

Can't you sit quietly for just one moment?!

Lösungen

1. **a.** William Shakespeare (1564 - 1616)
   b. F. Scott Fitzgerald (1896 - 1940)
   c. Charles Dickens (1812 - 1870)
   d. William Wordsworth (1770 - 1850)
   e. Ernest Hemingway (1899 - 1961)
   f. William Faulkner (1897 - 1962)

2. endlessly

Viele englische Wendungen stammen ursprünglich aus Werken von William Shakespeare, so etwa ***To be, or not to be, that is the question*** (‚Sein oder Nichtsein, das ist hier die Frage', ***Hamlet***, 3. Aufzug, 1. Szene) oder auch ***A horse, a horse! My kingdom for a horse!*** ('Ein Pferd, ein Pferd, mein Königreich für ein Pferd!' ***Richard III***, 5. Akt, 4. Szene).

IM KINO

Anagramm Visitenkarte

cop porn

1 Are those kids behind us throwing _ _ _ _ _ _ _ ?

2 The _ _ _ _ _ _ _ effects in that film were stunning!

ace lips

bustle sit

3 I don't like watching foreign language films with _ _ _ _ _ _ _ _ _.

EINKAUFEN

4 Wortpaare

Rabatt	receipt
Kreditkarte	change
Kassenzettel	discount
Sonderangebot	voucher
Gutschein	credit card
Wechselgeld	special offer

Lösungen

1. popcorn
2. special
3. subtitles
4. | | | |
   |---|---|---|
   | Rabatt | — | discount |
   | Kreditkarte | — | credit card |
   | Kassenzettel | — | receipt |
   | Sonderangebot | — | special offer |
   | Gutschein | — | voucher |
   | Wechselgeld | — | change |

ZU HAUSE

Logisch?

1 brush : dustpan =
mop :

2 duster : shelves =
broom :

3 washing machine : clothes =
sink :

4 bottles : bottle bank =
rubbish :

5

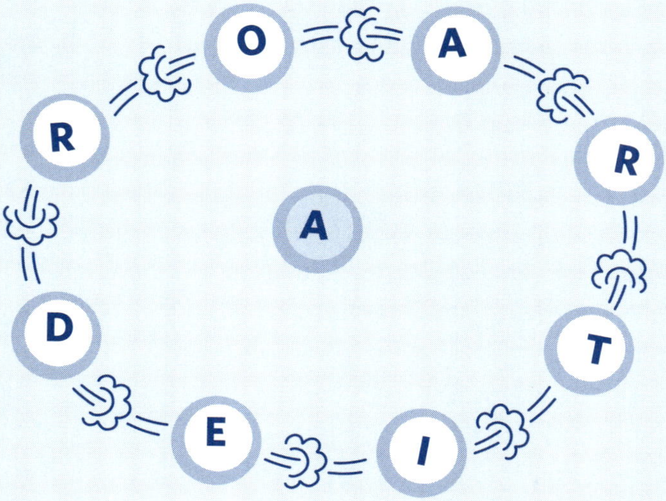

WORTWIRBEL

Gibt es das Wort wirklich? Schauen Sie nach unter **www.pons.eu**!

Lösungen

1. bucket
2. floor
3. dishes
4. dustbin (Brit.)/garbage can (Am.)

Die meisten Menschen verbringen ihre Zeit wohl eher ungern mit Abwaschen. Im britischen Englisch nennt man diese Tätigkeit ***to do the dishes*** oder auch ***to wash up***. Doch Vorsicht! Letzteres bedeutet im amerikanischen Englisch *sich die Hände waschen*! In Großbritannien würde man dagegen ***to wash one's hands*** sagen.

5. **Mögliche Lösungen:**
at (*in, an, bei*), are (*you-Form von be - sein*), rat (*Ratte*), rare (*selten*), road (*Straße*), dart (*Pfeil*), toad (*Kröte*), dare (*wagen, trauen, herausfordern*), date (*Datum, Verabredung*), trade (*Handel, handeln*), radio (*Radio*), adroit (*geschickt*), tirade (*Tirade*), radiate (*ausstrahlen*), radiator (*Heizkörper, Kühler*), roar (*brüllen*), raid (*Überfall, Razzia, Angriff*), riot (*Ausschreitungen, Unruhen*), ...

EINES PASST NICHT!

Was fällt hier aus der Reihe?

1	carpet	rug	wallpaper	parquet
2	garden	mirror	frame	shelf
3	tablespoon	teaspoon	fish knife	dessert spoon
4	dinner	supper	tea	starter
5	pint	quart	litre	kilo
6	glass	cup	plate	say

Lösungen

1. carpet rug ~~wallpaper~~ parquet
2. ~~garden~~ mirror frame shelf
3. tablespoon teaspoon ~~fish knife~~ dessert spoon
4. dinner supper tea ~~starter~~
5. pint quart litre ~~kilo~~
6. glass cup ~~plate~~ mug

1

C	R	P	O	T	A	T	O	E	S
E	P	A	R	Q	L	N	Y	W	T
L	E	I	E	T	O	M	A	T	O
E	A	M	N	C	G	F	R	B	L
R	R	E	S	E	R	E	F	E	E
Y	R	L	B	E	A	N	S	R	T
K	S	O	F	R	P	P	D	R	T
I	P	N	F	A	E	R	P	Y	U
W	R	A	D	I	S	H	R	L	C
I	A	U	B	E	R	G	I	N	E

Haben Sie alle 13 Obst- und Gemüsesorten gefunden, die sich hier im Buchstabengitter versteckt haben?

2 Silbenrätsel

lem
shake
choco
ade
hot
cof
ter
milk
wa
cham
pagne
fee
on
late

a. ________________________

b. ________________________

c. ________________________

d. ________________________

e. ________________________

f. ________________________

Lösungen

1

C	R	P	O	T	A	T	O	E	S
E	P	A	R	Q	L	N	Y	W	T
L	E	I	E	T	O	M	A	T	O
E	A	M	N	C	G	F	R	B	L
R	R	E	S	E	R	E	F	E	E
Y	R	L	B	E	A	N	S	R	T
K	S	O	F	R	P	P	D	R	T
I	P	N	F	A	E	R	P	Y	U
W	R	A	D	I	S	H	R	L	C
I	A	U	B	E	R	G	I	N	E

2 **a.** hot chocolate
b. coffee
c. lemonade
d. water
e. milkshake
f. champagne

Anagramm Visitenkarte

stop kick pec

1 Watch out! There are a lot of ___________ at the station!

2 The police are always on the look-out for _________.

calm in sir

son rip

3 He spent several years in ______ for robbery and murder.

4 It is _______ to beg anywhere on the London Underground.

ale gill

taint so

5 What? You mean he's being held at the police _______ overnight?

6 Yes, _______ Jones, I understand the situation, but...

rice off

Lösungen

1. pickpockets
2. criminals
3. prison
4. illegal
5. station
6. Officer

In der britischen Umgangssprache wird ein Aufenthalt im Gefängnis oft mit ironischen Formulierungen umschrieben: ***to be on holiday*** oder ***to spend time at Her Majesty's pleasure*** sind z. B. sehr beliebt. Letzteres ist eine Anspielung darauf, dass alle Gefängnisse im Vereinigten Königreich den Titel ***Her Majesty's Prison*** (***HM Prison***) tragen.

Die amerikanische Umgangssprache dagegen umschreibt lieber das Gefängnis selbst. Aus dem standardsprachlichen ***jail*** wird dann zum Beispiel ***can***, ***clink***, ***joint***, ***pen*** oder auch ***slammer***, um nur einige der vielen Euphemismen zu nennen.

SPORT

Was fehlt hier?

1. Is there a changing r ?
2. Do you t any exercise?
3. How do you keep f ?
4. Which football team do you s ?
5. Did you see the m yesterday?
6. I think I p a muscle yesterday.

AN DER UNI

7. Anagramm mit Wortgitter

R	S	O
P	S	E
R	O	F

How are your studies going?

Fine, but my
is a bit odd!

Lösungen

1. room
2. take
3. fit
4. support
5. match
6. pulled
7. professor

Sicher erinnern sie sich, dass Fußball in Großbritannien ***football*** heißt, in den USA jedoch ***soccer***. Im britischen Englisch heißen außerdem Fußballspiele ***football <u>matches</u>***, in den USA dagegen nennt man sie ***football <u>games</u>***. Die Frage, ob man das gestrige Spiel gesehen hat, wird also entsprechend formuliert:
Did you see the game (USA)/match (UK) yesterday?

IN DER SCHULE

Anagramm Visitenkarte

the acer

1 Where did the _______ go?

2 We're going on a _______ _______ to the zoo.

lops rich to

lambs yes

3 We had a school _______ on Thanksgiving Day.

GELD

4 Silbenrätsel

cur ey change fi mar nan ren cial kets count ac cy mon ex

a. ______

b. ______

c. ______

d. ______

e. ______

f. ______

Lösungen

1. teacher
2. school trip
3. assembly
4. a. currency
   b. financial
   c. markets
   d. exchange
   e. account
   f. money

1 Wortpaare

platform	•	Wagen
departure	•	Bahngleis
carriage	•	Schranken
delay	•	Frühbucherpreis
barriers	•	Verspätung
advanced fare	•	Abfahrt

2 Rebus

~~g~~
ue = oc
+ o

c = m
a = o

~~kn~~
gh = ve
~~t~~

Lösungen

1. platform — Bahngleis
   departure — Abfahrt
   carriage — Wagen
   delay — Verspätung
   barriers — Schranken
   advanced fare — Frühbucherpreis

2. locomotive

In der U-Bahn in London sind ***ticket barriers*** (Schranken) allgegenwärtig. Nur wer einen gültigen Fahrausweis besitzt - zunehmend auch in elektronischer Form übers Handy oder durch eine elektronische Fahrkarte, gelangt durch die Sperren zu den Bahnsteigen.

In herkömmlichen Zügen gibt es in Großbritannien noch immer den ***ticket inspector*** (Fahrkartenkontrolleur), der mit einem freundlichen ***tickets please!*** die Fahrkarten kontrolliert.

EINES PASST NICHT!

Was fällt hier aus der Reihe?

1	toilet	restroom	lavatory	kitchen
2	trousers	ring	pants	socks
3	wool	cloth	paper	silk
4	shampoo	toothpaste	brush	hairdryer
5	oven	shower	toilet	bath tub
6	eyes	teeth	leaves	ears

Lösungen

1. toilet restroom lavatory ~~kitchen~~
2. trousers ~~ring~~ pants socks
3. wool cloth ~~paper~~ silk
4. shampoo ~~toothpaste~~ brush hairdryer
5. ~~oven~~ shower toilet bath tub
6. eyes teeth ~~leaves~~ ears

Logisch?

1. iron : metal =
   oak :

2. cotton : fabric =
   granite :

3. concrete : hard =
   foam :

4. gold : expensive =
   plastic :

5. record : vinyl =
   book :

6. **Ausgesprochen** anders!

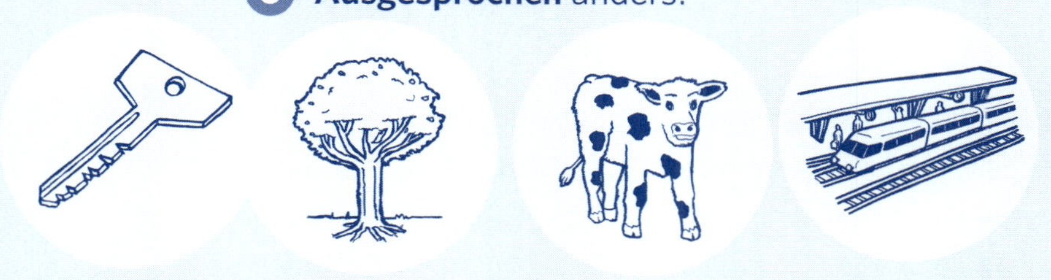

7. **Ausgesprochen** anders!

Lösungen

1. wood
2. stone
3. soft
4. cheap
5. paper
6. Das Wort ***station*** fällt hier aus der Reihe, da es im Gegensatz zu ***key***, ***tree*** und ***cow*** zweisilbig ist.
7. ***Cat*** enthält als einziges Wort keinen so genannten „stillen Buchstaben" (***silent letter***). Schauen Sie sich im Gegenzug dazu noch einmal die drei anderen Wörter an:
   knee → ***k***; ***lake*** → ***e*** und ***thumb*** → ***b***.

Auch englischsprachige Kinder müssen erst mit den Tücken der Rechtschreibung vertraut werden. So stoßen auch sie in der Schule irgendwann einmal auf die so genannten „stillen Buchstaben" (***silent letters***) wie etwa das ***k*** in der Kombination ***kn*** am Wortanfang (***knee*** - Knie, ***knowledge*** - Wissen), das ***h*** nach einem ***w*** (***what*** – was, ***white*** – weiß) oder auch das ***b*** am Ende eines Wortes (***lamb*** – Lamm, ***thumb*** – Daumen). Unter dem Motto ***„magic E"*** lernen Grundschulkinder, wie ein finales ***e*** einen vorhergehenden Vokal umlauten kann. Vergleichen Sie dazu folgende Wortpaare: ***mad*** [mæd] vs. ***made*** [meɪd], ***cut*** [kʌt] vs. ***cute*** [kjuːt] oder ***car*** [kaːʳ] vs. ***care*** [keəʳ].

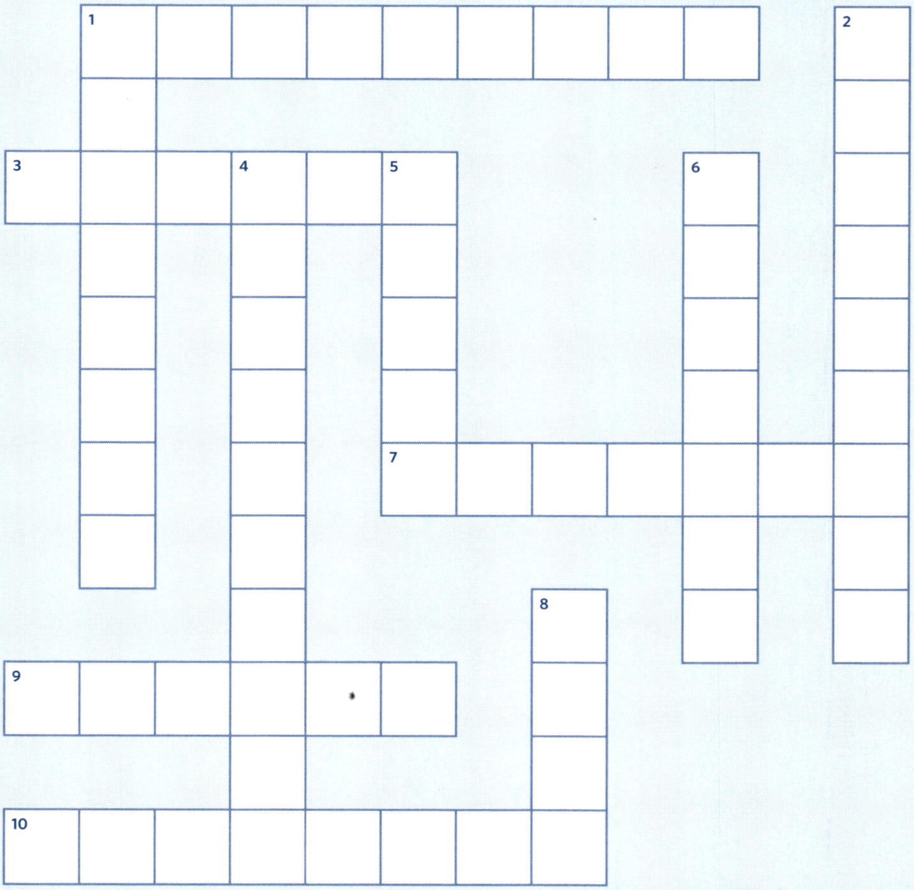

→

1. Skulptur
3. Museum
7. Konzert
9. Künstler
10. Gemälde, Bild

↓

1. Bildhauer
2. Orchester
4. Austellung
5. Musik
6. Galerie
8. Flügel (eines Gebäudes)

Lösungen

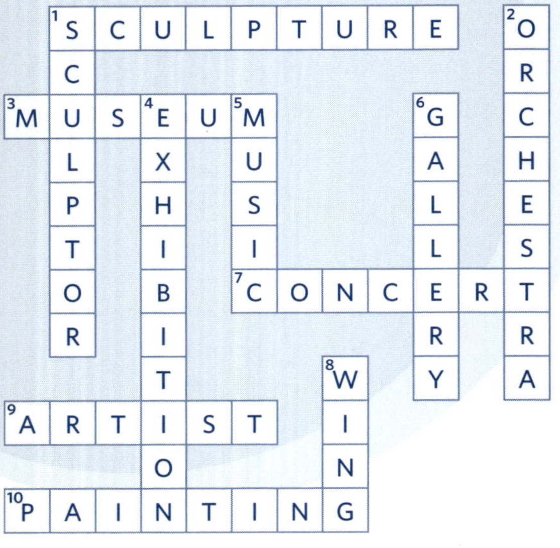
1 SCULPTURE
1 SCULPTOR
2 ORCHESTRA
3 MUSEUM
4 EXHIBITION
5 MUSIC
6 GALLERY
7 CONCERT
8 WING
9 ARTIST
10 PAINTING

L	B	F	E	A	D	P	C
A	F	T	A	P	D	U	H
M	W	G	U	P	U	U	I
B	E	E	F	R	C	S	G
E	C	H	I	C	K	E	N
S	A	G	C	E	E	E	D
E	N	C	H	I	C	K	Y
A	D	I	P	P	O	R	K

Was fehlt hier? Ergänzen Sie mit Hilfe des Buchstabengitters die folgenden Sätze:

1. Do you like ____ sausages?
2. ____ is such a tender meat!
3. Our burgers are 100% pure ____.
4. I'd like the ____ curry, please.
5. The Chinese restaurant does great ____.
6. There's nothing like a big, juicy Christmas ____!

Lösungen

1. pork
2. lamb
3. beef
4. chicken
5. duck
6. turkey

L	B	F	E	A	D	P	C
A	F	T	A	P	D	U	H
M	W	G	U	P	U	U	I
B	E	E	F	R	C	S	G
E	C	H	I	C	K	E	N
S	A	G	C	E	E	E	D
E	N	C	H	I	C	K	Y
A	D	I	P	P	O	R	K

Was für die Deutschen die Weihnachtsgans, ist für die Briten und Amerikaner der Truthahn. Traditionell wird dieser am **Christmas Day** (also am 25. Dezember) gegessen. In Großbritannien reicht man dazu eine dickflüssige ***bread sauce*** (Soße mit Brotkrumen), ***brussels sprouts*** (Rosenkohl) und ***roast potatoes*** (Kartoffeln aus dem Ofen). In den USA isst man Truthahn natürlich auch zu ***Thanksgiving*** Ende November. Dazu gibt es dann Beilagen wie ***cranberry sauce*** und ***sweet potatoes*** (Süßkartoffeln).

PONS PRAXIS-GRAMMATIK ENGLISCH

Ideal zum Lernen, Üben und Nachschlagen

- Komplett: alle wichtigen Grammatikthemen in einem Buch
- Übersichtlich: klar strukturierter Aufbau für einfaches Nachschlagen und Üben
- Umfangreich: ausführliche Erklärungen, zahlreiche Beispielsätze und praxisnahe Übungen nach Schwierigkeitsgrad gestaffelt
- Mit Extra-Hilfe: praktische Tipps und Vokabelangaben, wichtige Ausnahmen und Stolpersteine, ausführliches Stichwortregister
- NEU: Grammatik-Trainer mit vielen Zusatzübungen auf CD-ROM

Format: 16,2 x 23 cm

ca. 272 Seiten

ISBN: 978-3-12-561535-9

PONS BASISWÖRTERBUCH ENGLISCH

Der zuverlässige Begleiter für unterwegs

- Aktueller Wortschatz – über 50.000 Stichwörter und Wendungen
- Umfassender Extrateil: interkulturelle Tipps und nützliche Redewendungen für unterwegs, Internet und E-Mail, allgemeine Geschäftssituationen, Präsentationen
- Die Lautschrift hilft bei der Aussprache
- Für ein erfolgreiches und sicheres Auftreten im Beruf und im Alltag

Format: 9,6 x 15 cm

ca. 900 Seiten

ISBN: 978-3-12-517097-1

PONS

www.pons.de

PONS GRUNDWORTSCHATZ ENGLISCH

Die wichtigsten Vokabeln schnell und sicher nachschlagen

- Kompakt und thematisch: die 9.000 häufigsten Wörter, Wendungen und Beispielsätze mit deutscher Übersetzung
- Anwendungsbeispiele: zu jedem Wort aus den wichtigsten Lebensbereichen wie Essen, Gesundheit, Wirtschaft, Medien usw.
- Schnelle Orientierung: Niveaus für Anfänger und Fortgeschrittene farblich unterschieden
- Mit vielen Extras: Hinweise zur Verwendung der Wörter, Formulierungshilfen und Tipps zum Wortschatzlernen

Format: 13,5 x 19,5 cm

ca. 352 Seiten

ISBN: 978-3-12-561556-4

PONS VERBTABELLEN PLUS ENGLISCH

Alle Verbformen schnell nachschlagen und sofort richtig anwenden

- Mit dem praktischen Doppelseiten-Prinzip schnell die richtige Antwort finden: links Verbformen, rechts Beispiele und Wendungen
- Über 5.000 Verben mit übersichtlichen Konjugationstabellen
- Übersetzung aller Verben ins Deutsche
- Umfangreicher Grammatikteil sowie Übungen und Testaufgaben für einen sicheren Lernerfolg
- NEU: Zahlreiche Abbildungen helfen, die Verben assoziativ im Langzeitgedächtnis zu verankern

Format: 15 x 21 cm

ca. 224 Seiten

ISBN: 978-3-12-561592-2

PONS

www.pons.de